Wenn das Jahrtausend, das nach dem Jahrtausend kommt, zu Ende geht, wird es für den Menschen eine zweite Geburt geben.

Der Geist wird sich der Masse der Menschen bemächtigen, die eins sind in der Brüderlichkeit.

Dann wird das Ende der Zeiten der Barbarei verkündet.

Es wird die Zeit einer neuen Stärke im Glauben sein.

Nach den schwarzen Tagen am Beginn des Jahrtausends, das nach dem Jahrtausend kommt, werden die glücklichen Tage beginnen.

Der Mensch wird den Weg der Menschen wiederfinden und die Erde wird ihre Ordnung wiederhaben.

Johannes von Jerusalem (1042 – 1119)

Herbert Angermann

Innere Evolution

Vom Ego zum Sein

www.tredition.de

© 2024 Herbert Angermann
Umschlaggestaltung: Rainer Zufall
Illustration: Nelson Pulido
Foto von Shri Mataji: Divine Cool Breeze photos

Ich danke allen Freunden, die mich bei der Umsetzung unterstützt und ermutigt haben, insbesondere Bärbel Arestov für das umfassende Lektorat und ihre zahlreichen Anregungen.

Verlag & Druck: tredition GmbH, Halenreie 40-44, 22359 Hamburg

ISBN
Paperback   978-3-384-30634-0
Hardcover   978-3-384-30635-7

Das Werk, einschließlich seiner Teile, ist urheberrechtlich geschützt. Jede Verwertung ist ohne die schriftliche Zustimmung des Autors unzulässig. Dies gilt insbesondere für die elektronische oder sonstige Vervielfältigung, Übersetzung, Verbreitung und öffentliche Zugänglichmachung.

Inhaltsverzeichnis

Vorwort 1

Einleitung 5
Innere Evolution 6
Homo spiritualis oder Spiritualis human?............. 7
Glauben und Wissen 11
Die Erde ist keine Scheibe....................................... 14

Bewusstsein und Wahrnehmung...................17
Gut und Böse 20
Neue Dimensionen der Wahrnehmung und ihre Wirkung 22

Zurück zum Menschen 27
Die moralische Dimension des Homo sapiens 27
Dharma... 33
Hierarchieebenen des Dharmas............................. 35
Heilige, Propheten und Inkarnationen 41
Das sechste Sinnesorgan blickt nach innen........... 44
Die innere Energie 47

Sahaja Yoga 50
Die Freiheit zur Evolution 53
Shri Mataji Nirmala Devi 55
Der Beweis Gottes 59
Das Experiment 62
Meditation üben.. 64
Stufen der Meditation 68
Wirkung und Potential 75

Yantra – Mechanismus im Mikrokosmos 80
Die Struktur des Formlosen 80
Das subtile Energiesystem im Menschen 86
Die drei Energiekanäle 87
Kundalini – Die Energie des Tao 96
Das innere Selbst – Atman 100

Die Chakren 105
Das Muladhara Chakra 108
Das Swadisthan Chakra 111
Das Nabhi Chakra 113
Das Void 117
Das Herz-Chakra (Anahata) 118
Das Hals-Chakra (Vishuddhi) 123
Das Agnya Chakra 128
Das Kronenchakra (Sahasrara) 130
Selbstverwirklichung 132

Der Makrokosmos 135
Die Reflexion Gottes in der Welt 135
Schöpfung und Evolution 139
Der Makrokosmos im Mikrokosmos 146

Meisterschaft im Leben 150
Leben in Balance 154
Der mittlere Pfad 161
Zum Verhältnis von Verstand und Vernunft 164
Chakren, Dharma und Kultur 166

Die neue Aufklärung 174

Vom Ego zum Sein 183

Anhang 188

Vorwort

Evolution. Was ist das eigentlich? Und was treibt sie an? Reiner Zufall? Das wäre möglich, wenngleich mathematisch unwahrscheinlich. Hat die Evolution einen Sinn? Wenn ja, welcher wäre das denn? Überleben? Überleben kann niemand. 100% allen Lebens, das geboren wird, stirbt wieder. Überleben scheidet also aus. Macht Leben überhaupt Sinn, wenn man wieder stirbt? Oder geht es vielleicht um ein möglichst langes Leben? Dann hätte die Evolution beim Olivenbaum enden können. Die können über 1000 Jahre alt werden.

Oder geht es vielleicht um Bewusstsein? Dann könnte man zumindest feststellen, dass sich das Bewusstsein der Lebewesen mit der Zeit erweitert hat. Der Mensch ist bewusster als die Ziege oder das Huhn. Betrachtet man z.B. eine Echse, die stundenlang auf einem Felsen in der Sonne liegt, dann ähnelt das zwar einem deutschen Urlauber auf Mallorca, aber der macht das nicht ganzjährig, weil es ihm viel zu langweilig wäre. Für den Urlauber ist das eine Abwechslung. Für die Echse ist es Alltag. Sich aufwärmen und warten bis etwas vorbeikommt, dass klein genug ist, dass man es fressen kann. Das reicht der Echse.

Außerdem haben wir ein Bewusstsein für Schönheit. Tiere haben das nicht. Sie sammeln sich nicht an den schönen Orten dieser Welt um die Landschaft zu genießen. Es gibt kein norwegisches „Hangwild", dass dafür bekannt wäre, dass es auf den Hängen der Fjorde säße, um die Landschaft zu betrachten. Es gibt dort nicht mehr Wild als man es bei ähnlichen Lebensbedingungen nicht auch anderswo fände.

Nur wir Menschen treffen uns an schönen Orten um des Genusses der Schönheit willen! Wir machen Kreuzfahrten, wandern tief in die Berge, fahren gar in lebensfeindliche Wüsten. Wir genießen die Natur, ihre Schönheit, ihre Vielfalt, aber auch die vom Menschen geschaffene Schönheit, seine Städte, Schlösser und Burgen; seine Häuser, seine Musik, seine Kunst. Und nicht zuletzt den Menschen selbst, seine Kleidung, seine Art zu leben, seine Kultur.

Sofern wir ausschließen wollen, dass die Evolution zufällig und vollkommen sinnlos ist, kann es eigentlich nur das Bewusstsein sein, welches der Evolution einen Sinn verleiht. Je höher die Evolution, desto höher das Bewusstsein.

Ein derartiger Sinn würde aber voraussetzen, dass jemand einen Plan hätte; dass es jemanden gäbe, der die Entwicklung des Bewusstseins orchestrierte. Ein höheres Wesen oder zumindest ein höheres Bewusstsein als das unsrige, denn es hätte uns ja erschaffen.

Sinn und Zweck dieses Buches ist es nicht, uns einmal mehr daran zu erinnern, dass es wahrscheinlich einen Gott gibt. Es könnte ja tatsächlich alles nur ein Zufall gewesen sein. Sinn und Zweck dieses Buches ist es vielmehr darzustellen, wieso es kein Zufall sein kann; darauf hinzuweisen, dass die Kraft dieses Gottes, seine Liebe, bereits inkarniert hat. Sie hat ein Füllhorn des Wissens hinterlassen, das die Evolution erklärt, ihren Aufbau sowie ihre Struktur. Sie hat den Makrokosmos erläutert und wie sich dieser im Mikrokosmos des Individuums spiegelt. Und Sie hat erläutert, dass der Mensch sich aktiv für seine Evolution entscheiden muss, weil er frei ist.

Dieses Buch soll jene unterstützen, die sich um ein höheres Bewusstsein bemühen. Es soll helfen, ein rationales Schema über das an sich irrationale zu legen, damit man ein grobes Verständnis der Welt und der ihr innewohnenden Prozesse bekommt.

Es beginnt damit, uns zu klar zu machen, dass unser heutiges Bewusstsein beschränkt ist und dass die Dimensionen unseres Bewusstseins nicht mit den Dimensionen unserer Wahrnehmung deckungsgleich sind. Wir nehmen nur Bruchteile der Realität wahr.

Es soll zeigen, dass rationales Denken nicht notwendigerweise richtig sein muss. Es möchte den Leser auf etwas aufmerksam machen, das noch vor wenigen Jahrzenten undenkbar gewesen wäre, nämlich auf die Möglichkeit, seine Wahrnehmung um eine ihm bisher unbekannte Dimension zu erweitern. Und es will ihn zu einem Experiment verführen, die Grenzen seiner Gewohnheiten und Wahrnehmung hinter sich zu lassen, um diese neue Bewusstseinsdimension zu erforschen, um seine innere Evolution selbst in die Hand zu nehmen; sein eigener Meister zu werden.

Entsprechend richtet sich dieses Buch an alle, die nicht aufgegeben haben, nach der Wahrheit, dem Absoluten, nach dem Sinn des Lebens zu suchen.

Ich möchte mit diesem Buch einen Beitrag zur Verbreitung dieses Wissens leisten und hoffe, Sie Ihrem Ziel einen kleinen Schritt näher zu bringen.

Einleitung

Die Welt ändert sich schneller als je zuvor. Wir befinden uns an der Schwelle eines globalen Bewusstseinssprungs, der den uns heute bekannten Homo sapiens in Vergessenheit bringen wird.

Die Aufklärung des 18. Jahrhunderts brachte uns die Überwindung des Aberglaubens durch rationales Denken und Vernunft, Gleichberechtigung und Emanzipation sowie die Trennung von Staat und Religion. Der blinde Glaube an Gott wurde, zumindest soweit es die Gesetzgebung und Staatsführung betrifft, weitgehend durch die Wissenschaft ersetzt. Die Ratio wurde zum Maßstab aller Dinge. Dafür können wir alle dankbar sein.

Allerdings scheint es bisweilen, dass im Zuge der Verwissenschaftlichung unserer Gesellschaft die Menschlichkeit auf der Strecke geblieben ist; dass dieser Prozess der Entfremdung und Vereinsamung unaufhaltsam voranschreitet.

Wir erleben eine neue Aufklärung, die Gott wieder ins Spiel bringt. Diesmal aber nicht im Rahmen von Glaube und Religion, sondern in der tatsächlichen Wahrnehmung des Menschen. Nicht als Aberglaube, sondern als praktisches Wissen. Gott wird Teil unserer Wahrnehmung; Teil unseres täglichen Lebens sein und nach und nach auch Teil der Wissenschaft.

Dadurch wird eine neue Menschlichkeit entstehen, eine spontane Harmonie unter den Menschen. Wir werden einander verstehen und respektieren. Der ego-orientierte Homo sapiens, wie wir ihn heute kennen, wird der Vergangenheit angehören, ähnlich dem Neandertaler oder anderen Frühmenschen.

Der wohl größte Irrglaube unserer Zeit ist, dass die Evolution unseres Bewusstseins bereits abgeschlossen ist. Sie ist es nicht. Es gibt Dimensionen der Wahrnehmung, die seit Urzeiten die Suche und Fantasie der Menschheit beflügelt haben. Nun ist es soweit, dass diese Dimensionen allen zugänglich gemacht wurden. Der Heilige Gral wurde über die Menschheit ausgegossen.

Innere Evolution

Ich möchte zwei Arten der Evolution unterscheiden und kurz erläutern, wie diese Begriffe in diesem Buch angewendet werden. Aus meiner Sicht gibt es eine horizontale, äußere Evolution sowie eine tiefergehende, innere Evolution, welche eine vertikale Entwicklung des Bewusstseins mit sich bringt.

Wenn Finken auf den Galápagos-Inseln verschieden geformte Schnäbel entwickeln oder beginnen Werkzeug zu nutzen, dann handelt es sich dabei nicht um eine Evolution des Bewusstseins in der Vertikalen. Es ist äußere Evolution, bei der sich ein Organismus an äußere Gegebenheiten anpasst, ohne dass er dabei sein Bewusstsein erweitern würde.

Wenn aber der Affe zum Menschen wird und sich neue Dimensionen des Bewusstseins erschließt, dann kann man von innerer Evolution sprechen. Wenn der Fisch an Land kommt und ein Bewusstsein für das Element Erde entwickelt, oder der Einzeller seinem pflanzlichen Ursprung entflieht und ein Bewusstsein für die eigene Existenz entwickelt, dann haben wir innere Evolution.

Äußere Evolution erzeugt eine neue Spezies. Innere Evolution erzeugt eine neue Gattung[1].

Die Entwicklung unserer Persönlichkeit in Richtung des kollektiven Bewusstseins bezeichne ich als innere Evolution, weil uns eine vollkommen neue Dimension der Wahrnehmung zuteil wird.

Homo spiritualis oder Spiritualis human?

Humanismus und Demokratie gelten als die großen Leitlinien unserer Gesellschaft. Der Humanismus, weil wir doch „gut" sein wollen und glauben, der Mensch sei grundsätzlich befähigt und willig, sich zu einem tugendhaften Wesen zu entwickeln. Die Demokratie, weil wir einer Regierung nicht wirklich zutrauen gut zu sein und so dem Volk das

---

[1] Beim Homo sapiens entspricht "Homo" der Gattung und „sapiens" der Spezies.

Recht vorbehalten, diese im Falle von Verfehlungen abzuwählen.

Aber die Wahl einer Regierung hängt in erster Linie von den Medien, also deren Berichterstattung ab. Die Medien befinden sich teils in öffentlicher, teils in privater Hand und sind der direkten Einflussnahme verschiedenster Interessengruppen unterworfen, die ihrerseits nicht notwendigerweise demokratisch legitimiert sein müssen. So stellt sich natürlich die Frage, ob es wahre Demokratie überhaupt geben kann oder ob die uns bekannte Demokratie im Grunde eher als Medien-Oligarchie zu bezeichnen wäre.

War früher das Erlangen von Informationen die größte Herausforderung, so ist es heute das Filtern der Informationen. Man bekommt unendlich viele zum Teil widersprüchliche Informationen zu nahezu allem, was man sucht. Ob es um die Gesundheit von Butter geht, den Klimawandel oder gar die Sprengung des World Trade Centers – selten ist man sich sicher, was man glauben darf.

Die Menschheit scheint im 21. Jahrhundert vor unüberwindbaren Problemen zu stehen. Umweltzerstörung, Kriege, Fanatismus jedweder Couleur. Ost gegen West, arm gegen reich, gläubig gegen ungläubig, sozial gegen marktorientiert. Und der rationale Verstand findet für alle Seiten streitbare Argumente. Es gibt für uns keine absolute Wahrheit. Der im Westen anerkannte Konsens lautet: Wahrheit ist relativ. Und im Informationszeitalter erscheint nichts relativer als die Wahrheit. Denn letztlich gilt als wahr, was die Mehrheit als wahr anerkennt. Das ist theoretisch zwar absurd, da Wahrheit an sich ja bereits den Anspruch des Absoluten in sich trägt. Praktisch aber bestimmt dieses Vorgehen unseren Umgang mit der Realität beziehungsweise mit dem, was wir für real halten. Obwohl wir wissen, dass unser Bild der Realität immer subjektiv verzerrt, also mehr oder weniger illusionärer Natur ist.

Der Homo sapiens besitzt kein Sinnesorgan für das Absolute. Darin liegt die Wurzel allen Übels. Man hat nie zwei Menschen sich darüber streiten sehen, ob beispielsweise ein Tisch tatsächlich ein Tisch sei oder vielleicht doch ein Schrank. Weil jeder den Tisch als solchen in seiner Ganzheit auf seinem zentralen Nervensystem wahrzunehmen und zu erkennen vermag. Aber Gut und Böse entziehen sich unserer direkten Wahrnehmung. Und so streitet die Menschheit seit Jahrtausenden darüber, was gut und was böse, was richtig oder falsch sei.

Der Mensch ist selbst dann unfähig, das Gute vom Schlechten zu unterscheiden, wenn er es unbedingt und ehrlich will. Ein slawisches Sprichwort sagt: „Der Weg in die Hölle ist mit guten Vorsätzen gepflastert". Sogar ein fanatischer Selbstmordattentäter ist sich sicher, dass er zum Wohle der Menschheit handelt. Die Kommunisten waren sich sicher, dass die Menschheit nach der Beseitigung der Klassenunterschiede glücklich leben würde. Die Amerikaner waren sich sicher, dass man Saddam Hussein gegen den schiitischen Iran und die Taliban gegen die Russen aufrüsten müsse. Die Nazis waren sicher, dass man die Welt von unreinen Rassen befreien oder diese unterdrücken müsse. Auch im Irrenhaus findet man eine Menge Leute, die sehr sicher sind, alle anderen seien verrückt.

Realität ist nicht rational, sondern paradox. Und das Paradoxon lässt sich nicht in Worte oder Gesetze gießen. Wir haben im Grunde gar kein Religions- oder Systemproblem, sondern ein Problem mit dem Homo sapiens an sich. Mit dem perfekten, selbstlosen, weisen Menschen würde nicht nur der Kommunismus gut funktionieren, auch die Marktwirtschaft wäre vor Ausbeutung sicher. Sogar die Monarchie, in der ein wohlwollender König sein Leben in den Dienst seines Volkes stellte und sich von den besten Männern und Frauen seines Landes beraten ließe, funktionierte. Nur leider, es gibt ihn nicht, diesen Menschen.

Denkt man die Evolution des Menschen weiter, dann wäre es wünschenswert, ein Sinnesorgan zu haben, welches das Individuum mit dem Ganzen verbinden würde. Das dem Individuum ein klares Wissen um seinen Nächsten vermittelte. Eines, das ihn wahrnehmen ließe, dass er sich selbst schadet, wenn er anderen Schaden zufügt oder sie ausbeutet, und umgekehrt, das ihn Freude spüren ließe, wenn er anderen Gutes tut. Die Wahrnehmung des Ganzen würde auch die spirituellen Fragen der Menschheit nach der Existenz eines Gottes oder einer übergeordneten Macht beantworten, weshalb man diesen Menschen als Homo spiritualis bezeichnen könnte. Oder sollte man ihm eine neue Gattung zuweisen: Spiritualis human? Ein Mensch in bewusster Einheit mit sich und seiner Umwelt.

Glauben und Wissen

Taucht man in die Tiefen der Geschichte ein, so findet man immer wieder Menschen, die durch ihre scheinbare Verbindung mit einer höheren Macht ein klares Unterscheidungsvermögen von Gut und Böse hatten. Zumindest glaubten das ihre Zeitgenossen und häufig auch noch deren Nachfahren. Sei es durch die Kraft der Überzeugung – wie bei Sokrates – oder durch das Vollbringen von Wundern wie sie Jesus, Moses oder Mohammed nachgesagt werden. Diese Menschen waren so außergewöhnlich, so viel verständiger, klarer und mächtiger, dass andere ihnen bereitwillig folgten, ihnen ihr Schicksal anvertrauten und nach deren Ableben aus ihren Lehren Religionen erschufen. Weil aber die Nachfolger der Wissenden offenbar nur selten die Klarheit dieser Inkarnationen und Propheten hatten und viel weniger in der Lage waren, Gut und Böse zu unterscheiden, gelang es nicht, die bestehenden Lehren und Überlieferungen an die sich verändernden Lebensumstände anzupassen. Dazu bedurfte es offenbar immer wieder neuer Propheten, die das alte Wissen für ihre Zeitgenossen neu aufbereiteten. Diese waren ihren Vorgängern stets positiv zugeneigt. Haben sie gelegentlich sogar erläutert und in einen größeren Kontext gestellt.

So entstanden im Laufe der Jahrhunderte zahlreiche größere und kleinere philosophische Richtungen und Religionen. Einen zwingenden Beweis für die Richtigkeit ihrer Behauptungen konnte keine Religion liefern. Was unsere Welt bis heute spaltet. In Gläubige unterschiedlicher Religionen, Atheisten, Agnostiker und viele andere Glaubens- und Nichtglaubensgrüppchen.

Es ist elementar wichtig, zwischen Glauben und Wissen zu unterscheiden. Aus Sicht der Wahrheit macht es keinen Unterschied, ob man etwas glaubt oder nicht glaubt. Solange man es nicht weiß, solange man es nicht – ähnlich einem Gegenstand – deutlich und objektiv auf seinem zentralen Nervensystem wahrnehmen kann, solange wird es nicht zu echtem Wissen. Was der Menschheit fehlt, ist ein Bewusstsein für Wahrheit, das sich direkt auf dem zentralen Nervensystem manifestiert. Ein Bewusstsein von Gut und Böse, welches ohne die Nutzung von Ratio und Glauben auskommt. Ein Bewusstsein, das Wahrheit und Unwahrheit so unterscheiden kann, wie unsere Augen die Farben Rot und Blau unterscheiden können.

Träum weiter? Keineswegs! Wir sind zwar alle Darwinisten, aber dass die evolutionäre Stufe des

Homo sapiens nur ein Zwischenschritt in ein höheres Bewusstsein sein könnte, eine Art unfertige Vorstufe des Spiritualis human – eines Wesens, das Wahrheit auf seinem zentralen Nervensystem erkennen kann – das ist wirklich zu viel für unser Ego. Ein Fehler im System ist denkbar, ein Fehler in der Religion auch. Es ist auch vorstellbar, dass es keinen Gott gibt und dass alles nur Zufall war. Aber dass der Mensch noch in der Entwicklung ist? Dass es vielleicht sogar weitere Dimensionen geben könnte, die wir weder wahrnehmen noch denken können, das darf nicht sein.

Unsere Wissenschaftler haben den Homo erectus gefunden, den Neandertaler, den Homo floresiensis. Sie alle sind von diesem Planeten verschwunden. Nicht mal auf abgelegenen Inseln oder in Urwäldern haben sich kleine Populationen der Frühmenschen erhalten. Wird auch der Homo sapiens dereinst der Vergangenheit angehören? Nicht, weil er seine Lebensgrundlage vernichtet hat, sondern weil die Evolution den Menschen in eine neue Bewusstseinsstufe überführt hat, die ihn deutlich von seinem Vorgänger Homo sapiens unterscheiden wird?

Nehmen wir also an, die Evolution schritte voran und der Mensch ginge in eine neue Gattung über. Wie würde dieser Übergang stattfinden? Ohne Anstrengung, so wie alle evolutionären Übergänge stattgefunden haben, einfach spontan.

Die Erde ist keine Scheibe

Stellen wir uns vor, wir wären in einer Gesellschaft aufgewachsen, in der die Erdanziehung noch nicht entdeckt worden wäre. Die größte jemals von unserem Zuhause zurückgelegte Entfernung hätte bei 50 km gelegen. Alle Bekannten kämen aus dem eigenen Dorf oder einem der Nachbardörfer. Kein Fernsehen, kein Radio, keine Reisen. Man erklärte uns von Kindesbeinen an, die Erde sei eine Scheibe. Ihr Zentrum läge in Jerusalem. Die Sonne bewege sich um die Erde, von Ost nach West. Alles wäre so, wie wir es Tag für Tag sähen.

Doch plötzlich käme jemand, der behauptete, die Erde sei eine Kugel. Diese Kugel drehte sich um sich selbst, und zwar mit einer Geschwindigkeit von 1.667 km pro Stunde. Zusätzlich rasten wir mit unvorstellbaren 108.000 km pro Stunde gemeinsam um die Sonne.

Jeder vernünftige Mensch müsste da erst mal lächeln. Schon beim Rennen spürt man Wind. Auf einem Pferd im Galopp noch mehr. Aber bei über 100.000 km pro Stunde soll es windstill sein können? Unabhängig davon müssten die Menschen an der Unterseite der Erde runterfallen, der Regen müsste nach oben regnen und die Meere müssten auslaufen, weil man Wasser ja unmöglich auf einer Kugeloberfläche fixieren kann, schon gar nicht bei dieser Geschwindigkeit in einer Kurve. Die Welt wäre ziemlich unlogisch, sollte die Erde tatsächlich eine Kugel sein. Und unsere gebildeten Lehrer und

Pfarrer, die uns beigebracht hatten, die Erde sei flach, hatten sie uns nicht auch viele andere nützliche Dinge gelehrt, die allesamt richtig waren? Lesen, Schreiben, Rechnen, Geometrie, nicht zu vergessen das Wort Gottes? Könnten sie alle irren?

Es ist eine arrogante Annahme, dass wir die Erde unter solchen Umständen als Kugel akzeptiert hätten. Die meisten klar denkenden Menschen hätten unter diesen Umständen auf Scheibe plädiert.

Weiß man hingegen um Gravitation und Erdatmosphäre, so wandelt sich das Unlogische ins Logische. Die gleiche Ratio, die gestern noch richtige Argumente für eine Scheibe gefunden hat, kann heute gute Argumente für eine Kugel liefern. Rationales Denken ist lediglich ein Zusammenfügen von Informationen zu logischen Ketten. Je mehr Informationen vorliegen, desto genauer kann die Ratio arbeiten. Dabei ist die Ratio an sich vollkommen unwissend. Sie kann eben nur diese Ketten basteln. Gibt man ihr falsche Bausteine, dann bastelt sie falsche Ketten. Diesen Prozess nennen wir „denken".

Ob also die Erde als Kugel tatsächliche Realität oder nur ein neuer Irrtum wäre, müsste nun durch Experimente erforscht werden. So wie der Glaube an eine Erdscheibe noch lange keine Erdscheibe erschafft, so erschafft der Glaube an eine Erdkugel keine Erdkugel. Unser Glaube erschafft eigentlich überhaupt nichts. Er ist eine Vermutung, welche es zu beweisen gilt. Sollte sich ein neuer Glaube experimentell bestätigen lassen, dann würde man von

Wissen sprechen. Menschen, die sich mit wiederholbaren Beweisen von Theorien befassen, nennt man Wissenschaftler, weil sie neues Wissen schaffen.

Heute ist die Kugel eine Selbstverständlichkeit. Und sie brachte uns neue Möglichkeiten in der Navigation, im Handel, der Wettervorhersage – auf vielen Gebieten. Die Erkenntnis der Wahrheit ist stets von Vorteil für den Erkennenden. Die Vorteile des Erkennenden sind dafür verantwortlich, dass sich Wahrheit langfristig immer durchsetzt. Wahrheit befindet sich immer im Zustand entspannter Gelassenheit. Sie bedarf keiner Energie, um als Wahrheit zu existieren. Anders verhält es sich mit der Unwahrheit. Man muss sie fortwährend mit Energie versorgen, damit sie nicht unter der Last der Wahrheit zusammenbricht.

Da wir nicht allwissend sind, müssen wir davon ausgehen, dass es weiteres Wissen gibt, welches uns bisher als unlogisch erscheinende Annahmen in Realität wandeln könnte. Annahmen, denen der vernünftige Mensch heute ebenso ablehnend gegenüber steht, wie unsere Vorfahren einst der Kugeltheorie. Auch neue Theorien wären erst dann als Wissen akzeptabel, wenn sie beweisbar wären. Bis dahin bleiben sie als theoretische Annahmen eine Herausforderung für die Wissenschaft.

Dimensionen unseres Bewusstseins und unserer Wahrnehmung

Was sind eigentlich Dimensionen unseres Bewusstseins und in welchem Verhältnis stehen sie zu unserer Wahrnehmung?

Unser Bewusstsein besteht aus einer Kombination der sich im Laufe der Evolution entwickelten Bewusstseins-Dimensionen sowie der Dimensionen unserer Wahrnehmung, also jener Informationen, welche wir aus Sinneseindrücken über unser zentrales Nervensystem erhalten. Interessant ist, dass die Dimensionen unseres Bewusstseins die unserer Wahrnehmung deutlich überschreiten.

Unsere Wahrnehmung kennt nur drei physische Dimensionen: Länge, Breite und Höhe. Alle weiteren Dimensionen entziehen sich unserer direkten Wahrnehmung, das heißt, unser zentrales Nervensystem kann sie nicht abbilden. All unsere Sinnesorgane vermitteln uns Informationen zu Dingen, welche sich innerhalb dieser drei Raumdimensionen befinden. Wir können sie sehen, riechen, hören, fühlen und schmecken. Was immer sich außerhalb dieser Dimensionen abspielt, entzieht sich unserer direkten Wahrnehmung. Was immer wir wissenschaftlich untersuchen möchten, muss eine Veränderung innerhalb der drei Raumdimensionen auslösen. Ansonsten können wir seine Wirkung nicht wahrnehmen.

Zeit hingegen ist eine Dimension unseres Bewusstseins, nicht unserer Wahrnehmung. Wir nehmen Zeit nur durch Veränderungen im Raum wahr, etwa wenn wir uns bewegen. Wir haben kein Sinnesorgan für Zeit. Alles wandelt sich unaufhörlich, und wir deuten diesen Wandel im Raum als Wirkung der Zeit, beziehungsweise Zeit ermöglicht es uns, Wandel im Raum wahrzunehmen.

Zeit ist eine physikalische Größe, die man zur Berechnung von Bewegungen oder Prozessen nutzen kann. Wir können Zeit zwar nicht auf unserem zentralen Nervensystem wahrnehmen, aber wir stellen uns vor, was Zeit ist. Wir haben eine Art Gefühl für die Zeit. Wir kennen Langeweile und Kurzweil, obwohl wir jederzeit und ausschließlich in der Gegenwart gefangen sind. Unsere Vorstellung von Zeit beruht auf der Fähigkeit zur Erinnerung der Vergangenheit oder der Imagination einer möglichen Zukunft. Bei guter Unterhaltung läuft Zeit schneller oder ist gar nicht fühlbar. Bei Langeweile streckt sich Zeit ins gefühlt Unendliche. Eine Art freie Bewegung innerhalb der Zeit – wie wir das vom Raum gewohnt sind – ist uns indes nicht möglich. Die Wahrnehmung von Zeit bleibt immer ein Gebilde unserer Fantasie, selbst wenn man sie messen und damit rechnen kann. Wir können der Gegenwart in unseren Gedanken entfliehen, nicht aber mit unserem Körper. Genau betrachtet befinden wir uns körperlich immer und ausschließlich in der Gegenwart. Lediglich die unablässige Veränderung aller Dinge im dreidimensionalen Raum, die wir wahrnehmen können, lässt uns darauf schließen, dass Zeit real ist. Würden wir Zeit auf unsere direkte Wahrnehmung beschränken, so müssten wir darauf bestehen, dass sie nicht existiert.

Folglich müssen wir zwischen Bewusstseinsdimensionen und Dimensionen unserer Wahrnehmung unterscheiden.

Wir sehen also, dass Zeit keine Dimension unserer Wahrnehmung ist. Man kann sie weder sehen, riechen, hören, ertasten noch schmecken. Sie ist aber Teil unseres menschlichen Bewusstseins. Und da unsere Wahrnehmung auf den Raum beschränkt ist, existiert Zeit nicht ohne Raum. Wenn Kant Raum und Zeit als a priori in unserer Vorstellung definiert, so ist es letztlich die physikalische Dimension der Raum-Zeit, welcher sich der Mensch aufgrund seiner evolutionären Stufe bewusst ist.

Neben den physikalisch aktiven Bewusstseinsdimensionen existieren qualitative Dimensionen in unserem Bewusstsein. Unser Bewusstsein für Duft oder Schönheit ist beispielsweise eine qualitative Dimension. Wir unterscheiden zwischen guten und schlechten Gerüchen. Hier kommen selbstverständlich Gewohnheiten und Konditionierungen ins Spiel, so dass man keinen Konsens finden wird, was gute und was schlechte Gerüche sind. Aber man wird wohl niemanden finden, der behauptete, Rosen würden stinken und faule Eier würden duften.

Es gibt also durchaus ein Bewusstsein für Duft und Gestank, unabhängig von den eigenen Lebenserfahrungen.

Vielen Lebewesen scheint das Bewusstsein für Duft zu fehlen, auch wenn sie einen viel besseren Geruchssinn als Menschen haben. Ebenso das Bewusstsein für Kunst oder Schönheit. Man kann die Wirkung von Musik auf Pflanzen und Tiere nachweisen. So wie man die Wirkung von Zeit auf chemische Reaktionen nachweisen kann. Aber man kann nicht davon ausgehen, dass den Pflanzen und Tieren diese qualitativen Dimensionen deshalb auch bewusst wären. Realität wirkt auch bei Abwesenheit von Bewusstsein. Aber wenn es eine Bewusstseinsdimension gibt, dann muss man davon ausgehen, dass ihr eine reale Dimension zugrunde liegt. Folglich kann man sagen, dass Realität die Basis für die Entwicklung unseres Bewusstseins ist.

Die Bewusstwerdung und Wahrnehmung dieser Dimensionen entwickelt sich im Laufe der Evolution weiter. Je klarer Realität erfasst werden kann, je mehr Dimensionen man sich gewahr wird, desto höher ist die Stufe der Evolution, die ein Lebewesen erreicht hat.

Gut und Böse

Die wohl mysteriöseste aller Bewusstseinsdimensionen ist unser Verständnis von Gut und Böse, Richtig und Falsch. An dieser Stelle wollen wir nicht betrachten, was gut und was böse ist oder warum wir das Gefühl haben, etwas sei richtig oder falsch. Wir wollen lediglich zur Kenntnis nehmen, dass diese Bewusstseinsdimension im Menschen tatsächlich existiert. Und weil sie existiert, müssen wir davon ausgehen, dass es dazu auch eine entsprechende Realität gibt, dass also Richtig und Falsch tatsächlich existieren, auch wenn Wahrheit keine Dimension der menschlichen Wahrnehmung ist. Sie speist sich nicht aus unseren Sinnesorganen. Sehen wir beispielsweise, dass Geld den Besitzer wechselt, so wissen wir nicht, ob der Grund für den Besitzwechsel die Erbringung einer ehrlichen Dienstleistung, ein Geschenk oder eine Schutzgelderpressung gewesen ist. Jede dieser Ursachen würde bei uns allerdings eine andere Bewertung des Besitzwechsels nach sich ziehen.

Wahrheit entsteht in unserem Bewusstsein, wenn sich ein direkter Bezug zwischen den Dimensionen unserer Wahrnehmung und denen unseres Bewusstseins herstellen lässt, wenn also eine Bewusstseinsdimension direkt auf dem zentralen Nervensystem wahrgenommen werden kann. Wir sehen, dass Geld den Besitzer wechselt. Dieser Teil ist Wahrheit. Der Rest, also das Warum, bleibt eine Vermutung mit unterschiedlichen Wahrscheinlichkeiten. Je höher die Wahrscheinlichkeit, desto eher tendieren wir dazu, etwas als wahr zu betrachten, auch wenn wir die Wahrheit nicht zu einhundert Prozent kennen. Das passiert automatisch. Sehen wir zum Beispiel, wie jemand im Supermarkt an der Kasse bezahlt, dann behaupten wir zu wissen, dass er etwas eingekauft hat. Und in den meisten Fällen wird das richtig sein, auch wenn in einem von hundert Millionen Fällen der Kunde den Kassierer vielleicht privat kennt, sich von ihm Geld geliehen hatte und dieses gerade zurückgibt. In diesem Fall lägen wir falsch oder würden vielleicht sogar schlussfolgern, dass der Kassierer Geld in die eigene Tasche steckt.

Unser Gehirn gleicht beständig unsere Wahrnehmung mit Wahrscheinlichkeiten ab und ordnet diese, in Abhängigkeit aller zur Verfügung stehenden Informationen, rational ein. Wir interpolieren praktisch unsere Wahrnehmung mit den Wahrscheinlichkeiten der uns denkbaren Möglichkeiten.

Neue Dimensionen der Wahrnehmung und ihre Wirkung

Aber was passiert, wenn sich den Dimensionen unseres Bewusstseins eine neue Dimension der Wahrnehmung zugesellt?

Ich möchte das gerne anhand der Wahrnehmung einer Kakerlake darstellen.

Kakerlaken haben ein Strickleiternervensystem. Es heißt so, weil es schematisch wie eine Strickleiter aussieht, zwei parallele Stränge mit Querstreben. Da es in diesem System keine dritte Raumdimension gibt und die Kakerlake auch kein Ohr mit Bogengängen besitzt, welches eine dritte Dimension erzeugen könnte, nimmt man an, dass Kakerlaken nur zwei Raumdimensionen erleben. Sie befinden sich stetig in einer Ebene, egal ob sie gerade auf dem Boden laufen, die Wand hochkrabbeln oder an der Decke hängen. Auch der Übergang vom Boden zur Wand ist zweidimensional. Ihre Welt ist immer flach.

Die Kakerlake bewegt sich im dreidimensionalen Raum. Ihre Bewegung hat eine Auswirkung im dreidimensionalen Raum. Sie ist sich dieser Wirkung aber nicht bewusst, beziehungsweise sie kann ihre Bewegung im Raum nicht vollständig auf ihrem zentralen Nervensystem nachvollziehen, weil ihr Nervensystem keine dritte Raumdimension kennt.

Stellen wir uns nun vor, die Kakerlake wäre – abgesehen von der Beschränkung auf zwei Dimensionen der räumlichen Wahrnehmung – ausreichend intelligent und es wäre unsere Aufgabe, der Kakerlake die dritte Dimension zu erklären. Und gehen wir weiter davon aus, dass die dritte Raumdimension bereits eine Bewusstseinsdimension der Kakerlake wäre. Ohne Bewusstseinsdimension gibt es keine Möglichkeit ein Thema zu erfassen, und es wäre unmöglich, irgendeine Schnittmenge zwischen der Realität und dem Bewusstsein der Kakerlake zu beschreiben. Die Kakerlake müsste sich die dritte Raumdimension also wenigstens vorstellen können, damit man überhaupt darüber sprechen könnte.

Wenn wir nun versuchen, der Kakerlake die dritte Raumdimension zu erklären, dann gäbe es kein Beispiel, an dem wir der Kakerlake tatsächlich die Wahrnehmung der dritten Dimension vermitteln könnten. Also würden wir versuchen, Reaktionen der Realität auf das Verhalten der Kakerlake heranzuziehen. Wenn man die Beine einzieht und auf den Rücken fällt, dann hat man vorher an der Decke gehangen. Zieht man die Beine an und fällt auf die Seite, so ist man die Wand schräg entlang gelaufen. Fällt man auf den Hintern, so ist man die Wand gerade nach oben gelaufen. Fällt man aufs Gesicht, ist man die Wand kopfabwärts hinab gelaufen und so weiter. Aber selbst wenn die Kakerlake all das verstünde und sich irgendwie vorstellen könnte, was diese dritte Raumdimension sei, sie könnte die Dimension trotzdem nicht wahrnehmen. Es gibt weder in ihrer Wahrnehmung noch in ihrer Erfahrung ein Abbild der dritten Raumdimension.

Ich bin jetzt Kakerlake. Man hat mir erläutert, was passiert, wenn ich mich an verschiedenen Orten im Raum aufhalte, und ich beginne zu experimentieren. Ich laufe hoch bis zur Decke, lasse los, stürze hinab und falle auf den Rücken. Gut. Ich finde an denselben Ort zurück, stürze mich erneut hinab. Wegen des Luftwiderstandes taumle ich ein wenig und lande auf der Seite. Das war eigentlich die Definition von „an der Wand hängen". Seltsam. Ich versuche es immer und immer wieder. Egal an welcher Stelle ich meine Versuche mache, es kommen keine für mich logisch nachvollziehbaren Ergebnisse zustande. Außer wenn ich bereits auf dem Boden sitze. Ich stürze mich hinab und es passiert nichts. Nun geschieht etwas, das ich nicht erwartet hätte. Nicht nur, dass ich den dreidimensionalen Raum nicht wahrnehmen kann. Schlimmer. Er wird mir zum Mysterium.

Ich berichte anderen Kakerlaken von meinen Erkenntnissen. Tausende versuchen die Experimente nachzuvollziehen. Einige schlagen beim Sturz in ähnlicher Reihenfolge auf und behaupten fortan, sie wüssten was passiert, wenn man sich fallen lässt. Die in der Ebene wohnen und niemals fallen, wissen es angeblich auch. 1000 Jahre vergehen. Es bilden sich unterschiedliche philosophische Schulen und Wandstürzer-Sekten. Doch keine Theorie lässt sich abschließend beweisen. Die dritte Dimension bleibt uns allen ein Mysterium.

Nun schreitet die Evolution voran und eines Tages entwickelt eine Kakerlake die Wahrnehmung für die dritte Raumdimension. Und siehe da, das Mysterium verschwindet vollständig. Ohne Erklärung, ohne philosophische Erläuterung. Ganz von selbst.

Halten wir inne und rekapitulieren wir kurz, welche Strecke wir bis hierher zurückgelegt haben.

- Unsere Probleme werden nicht durch ein System verursacht, sondern durch den Menschen.
- Wir müssen die Möglichkeit in Betracht ziehen, dass die menschliche Entwicklung nicht abgeschlossen ist, beziehungsweise dass der Mensch seine mögliche Bestimmung noch nicht erreicht hat.
- Wir sollten versuchen, diesem Thema mit wissenschaftlicher Offenheit zu begegnen, und klar zwischen Fakten, die wir wissen, und Dingen, die wir glauben, unterscheiden.
- Es gibt Dimensionen unseres Bewusstseins, die weiter reichen als die Dimensionen unserer Wahrnehmung.
- Besteht eine direkte Verbindung zwischen unserer Wahrnehmungsdimension und unserer Bewusstseinsdimension, so ist Wahrheit klar zu erkennen.
- Mysterien entstehen durch das Fehlen einer direkten Verbindung zwischen den Dimensionen unserer Wahrnehmung und den Dimensionen unseres Bewusstseins.
- Mysterien lösen sich selbständig auf, sobald die dem Mysterium zugrundeliegenden Bewusstseinsdimensionen um entsprechende Dimensionen der Wahrnehmung erweitert werden.

Zurück zum Menschen

Vielleicht ist der Mensch nicht die einzige Spezies, die mit Mysterien lebt, aber sicherlich die einzige, die sich darüber Gedanken macht.

Wir Menschen kennen drei räumliche Dimensionen, die wir mit unserem zentralen Nervensystem wahrnehmen. Wir nehmen jene Eigenschaften der materiellen Welt wahr, welche unsere Sinnesorgane erkennen können. Mehr nicht. Unser Bewusstsein indes kennt weitere Dimensionen. Die Lücke zwischen Wahrnehmung und Bewusstsein füllen wir mit Mysterien und Religionen.

Die moralische Dimension des Homo sapiens

Unser Gefühl für Richtig und Falsch, für Gut und Böse entspringt der moralischen Dimension des menschlichen Bewusstseins und ist eine Folge unserer Entscheidungsfreiheit. Begreift man die uns bekannten drei Raumdimensionen als Dimensionen des physischen Raums, dann ist die moralische Dimension eine Dimension des emotionalen, des inneren Raums. Ein Mensch trägt physische und psychisch-emotionale Dimensionen in sich. Sie bedingen einander, sie wirken auf einander, sind aber nicht deckungsgleich. Man kann physisch kerngesund und gleichzeitig emotional schwer krank sein. Es gibt psychosomatische Leiden, deren Ursprung eben in der Psyche des Menschen, nicht aber in seinem Körper zu finden ist.

Während uns die Natur mit einer hervorragenden Wahrnehmung der physischen Dimensionen ausgestattet hat, bleibt die emotionale Dimension Teil unserer Vorstellung. Die physischen Dimensionen werden über Sinnesorgane und das damit verbundene zentrale Nervensystem wahrgenommen. Das macht es dem Menschen leicht, seine Wahrnehmung mit anderen zu teilen, weil jeder die physischen Dimensionen auf die gleiche Weise wahrnimmt. Mal abgesehen von Menschen mit krankhaften Störungen, sehen alle Rot als Rot, Blau als Blau, empfinden einen Stein als hart, eine Feder als leicht, eine Schnecke als langsam. Weil diese Dimensionen auf dem zentralen Nervensystem wahrgenommen werden, ist es sehr einfach, sich einig zu werden. Man kann Ereignisse in der physischen Welt messen und beweisen.

Wir wundern uns nicht, dass wir andere Menschen sehen können, dass wir sie riechen und fühlen können, weil wir uns bewusst sind, dass wir uns den selben Raum teilen.

Bei Emotionen ist das etwas anders. Wir kennen kein Sinnesorgan, das es uns erlauben würde, die Emotionen anderer wahrzunehmen. In diesem „Raum" sind wir vollkommen allein. Zwar kann man die Gefühlslage anderer erahnen, vielleicht auch äußere Indikatoren wissenschaftlich messen, aber man fühlt nicht wie der andere.

Emotionen sind subjektiv. Eine allgemein wahrnehmbare emotionale Dimension ist uns nicht bekannt, selbst wenn wir empathisch begabt sind. Wir bewegen uns zwar irgendwie in einer emotionalen Dimension – soll heißen, unser Verhalten erzeugt Emotionen und birgt Folgen – was darauf schließen ließe, dass es eine emotionale Dimension geben muss. Aber diese Dimension lässt sich nicht konkret beschreiben und wird nicht durch unsere Sinnesorgane wahrgenommen.

Die Reaktionen dieser Dimension auf unser Handeln sind unbestimmt und können in jedem Menschen andere Ausprägungen annehmen. Es gab immer schon Versuche, emotionale Reaktionen der Realität auf unser Handeln vorherzusagen oder wenigstens einzugrenzen. Betrügt man beispielsweise seinen Ehepartner, ist mit Ärger zu rechnen. Körperlich passiert das Gleiche wie im Ehebett, aber wenn es im Bett der Nachbarin geschieht, erzeugt es – sofern der Fehltritt bekannt wird – im gesamten Umfeld eine völlig andere emotionale Reaktion. Und selbst wenn der Seitensprung nicht bekannt wird, stellen sich individuell unterschiedliche emotionale Reaktionen ein. Diese sind, da sie doch unsere Psyche betreffen, vielfältig. Beim einen erzeugen sie Freude, beim anderen Leid, beim Dritten Schuldgefühle, beim Vierten Angst.

Die innere Reaktion ist nicht eindeutig vorhersehbar, scheint aber etwas mit dem Begriff der Moral zu tun zu haben. Man könnte meinen, Moral sei eine allgemeine Gebrauchsanweisung für diese emotionale Dimension. So wie man eine Landkarte der physischen Welt nutzen kann, um sich den Weg zu einem bestimmten Ziel zu suchen, könnte man mit Hilfe moralischen Verhaltens Ziele in der emotionalen Dimension erreichen. Es existiert also eine Art emotionales Relief der Realität, welches – ähnlich dem physischen Relief – Verhalten begünstigt oder erschwert. Aus diesem Grund habe ich diese Dimension als moralische Dimension bezeichnet.

Die Tatsache, dass es sowohl über alle Religionen und Glaubensrichtungen hinweg als auch in den an säkularen Theorien ausgerichteten Gesellschaften ähnliche Regeln für das menschliche Verhalten gibt; die Tatsache, dass zahlreiche Propheten und Inkarnationen diese Regeln sehr ähnlich beschrieben haben, deuten darauf hin, dass wir hier ein der Kakerlake ähnliches Konstrukt haben. Der Mensch agiert im moralischen Raum, aber er kann diese Dimension nicht auf seinem zentralen Nervensystem wahrnehmen. Die Phänomene dieser Dimension wurden zwar vielfältig beschrieben, aber die Reaktionen dieser Dimension sind nicht immer eindeutig auf unser dreidimensionales Leben zu übertragen. Und wenngleich der Einzelne in den meisten Fällen eine Übereinstimmung von Verhalten und zukünftigem Befinden herstellen kann, so lassen sich diese Ergebnisse doch nicht zwingend auf andere übertragen.

Bevor wir uns das Wesen der moralischen Dimension näher betrachten, möchte ich erläutern, wie der Begriff der Moral in diesem Buch angewendet wird. Moral ist die harmonische Bewegung eines Menschen im emotionalen Raum. Ein moralisches Verhalten entspricht einer Bewegung im emotionalen Raum, ohne sich und anderen zu schaden.

Zum einfacheren Verständnis wenden wir diese Regel zuerst auf den physischen Raum an. Der physische Raum hat ein Relief, also eine Oberfläche. Diese Oberfläche beschränkt und bereichert uns zugleich. Sie beschränkt uns, weil wir uns nicht frei bewegen können. Wir können nicht durch Wände gehen, Wasserfälle hinab schwimmen oder auf befahrenen Bahngleisen ein Picknick veranstalten. Ein vernünftiger Mensch, der gerade keinen Suizid plant, wird das Haus nicht durch das Fenster im 5. Stock verlassen, sondern die Treppe nehmen und durch die Haustüre gehen. Er tut das freiwillig. Alle Menschen dieser Welt machen das so, ohne dass man ihnen erklären müsste, was eine Treppe ist.

Obwohl das Relief der Erde uns also beschränkt, haben wir nicht das Gefühl, das man diese Einschränkungen ignorieren sollte, weil man sonst etwas verpasste. Im Gegenteil. Wir freuen uns, nicht Klippen hinabzustürzen oder gegen Wände zu laufen. Wir vermeiden automatisch, uns selbst zu schaden. Das macht uns nicht unglücklicher oder unser Leben langweiliger, sondern die Erkenntnis um das Relief erhöht unsere Lebensqualität. Gleichzeitig bereichert uns das Relief außerordentlich, denn auf der Oberfläche einer glatten Kugel zu leben wäre extrem langweilig. Man kann also sagen, dass die vom physischen Relief gesetzten Grenzen unser Leben interessanter machen. Sich innerhalb der Grenzen dieses Reliefs sorglos bewegen zu können, wird als Freiheit empfunden, nicht als Beschränkung. Gegen die Regeln, die uns das Relief aufzwingt, zu verstoßen, wird hingegen nicht als Freiheit, sondern als Unfall oder Torheit bezeichnet.

Nun scheint auch die emotionale Welt ein Relief zu besitzen. Menschen, die dieses wahrnehmen konnten, haben versucht, ihren Mitmenschen ein Verhalten zu empfehlen, welches die Grenzen dieser Dimension beachtet. Ziel war es, den Mitmenschen ein möglichst harmonisches Leben innerhalb der Grenzen der emotionalen Dimension zu ermöglichen. Nur wer das Relief kennt, kann mit seiner Umwelt in Harmonie leben. Moralisches Verhalten führt logischerweise zu mehr Freude im Leben. Ansonsten ist es nicht Moral, sondern Lüge, Zwang, Konditionierung oder ein Irrtum. Wer auch immer es geschafft hat, dass wir mit dem Begriff der Moral überwiegend Langeweile, Unterdrückung, Freudlosigkeit und Rückständigkeit verbinden, hat einen dämonischen Job gemacht. Moral ist nämlich das genaue Gegenteil. Moral macht glücklich. So wie die Beachtung des physischen Reliefs Unversehrtheit und physische Gesundheit mit sich bringt, so mündet ein Leben in Harmonie mit der moralischen

Dimension in emotionale Gesundheit und Freude. In Asien gibt es dafür den Begriff des Dharma.

Dharma

Der Begriff „Dharma" ist schwer bis unmöglich in Worte zu fassen. Es ist die Gesamtheit der Verhaltensweisen, die das Individuum in Harmonie zum Ganzen bringt. Eine Art kosmisches Prinzip, welches der Schöpfung Sinn und Struktur verleiht.[2] Ein Leben im Dharma – also innerhalb der natürlichen Grenzen physischer und emotionaler Dimensionen – bringt den Menschen in Harmonie mit sich selbst und dem Ganzen. Es ist das richtige Handeln zur richtigen Zeit mit der richtigen Absicht. Dharma hat den ganzen Menschen und die Gesellschaft im Blick. Im Grunde ist es die ultimative Anleitung zur Menschlichkeit. Und es erzeugt die Balance, die nötig ist, um der vierten Dimension gewahr zu werden, aber dazu kommen wir später.

Dharma entspricht dem jeweils angemessenen Verhalten in Betrachtung der gegenwärtigen Situation und des Umfeldes. Es beschränkt sich nicht auf den Menschen. Auch die Harmonie in der Natur ist Dharma. Für einen Tiger ist das Jagen Teil seines Dharmas. Für sein Beutetier ist es Dharma zu flüchten. Tiere sind eins mit ihrem Dharma. Menschen haben die Wahl. Sie können sich für oder gegen ihr

---

[2] Manocha, R., Dharma, Knowledge of Reality 1997

Dharma entscheiden. Sie können Teile ihres Dharmas sogar selbst bestimmen.

Es ist befremdlich, dass es in unserer Sprache für den Begriff des Dharmas kein Wort gibt. Vielleicht wurden wir historisch als Sünder und deshalb grundsätzlich als „der Harmonie mit Gott" unfähig erachtet. Vielleicht gab es in unserem Kulturkreis zu wenige Menschen, denen die vierte Dimension offenstand, die in der Lage gewesen wären, Dharma zu erforschen und ihre Ergebnisse zu dokumentieren. Oder hat man ihre „Forschungsergebnisse" nicht ausreichend gewürdigt?

Wollten wir Dharma mit einem modernen Begriff belegen, dann wäre wohl Nachhaltigkeit (Sustainability) am besten geeignet. Bei nachhaltiger Bewirtschaftung natürlicher Ressourcen wird darauf geachtet, dass die betroffenen Ökosysteme ausreichend Kraft zur Regeneration besitzen, damit eine langfristige Nutzung gewährleistet werden kann.

Dharma erweitert den Begriff der natürlichen Ressourcen nun auf das Individuum, seine Gesellschaften und die Menschheit als Ganzes. Dharma hilft dem Individuum in Harmonie mit dem Ganzen zu leben, gesund zu bleiben, also die eigenen Ressourcen nachhaltig zu nutzen. Die gleiche Funktion erfüllt Dharma in Bezug auf die Familie oder die Gesellschaft.

Nachhaltigkeit ist ohne Dharma nicht vorstellbar. Es ist eines der Grundprobleme unseres Wirtschaftssystems, dass es, um zu funktionieren, Eigenschaften wie Ehrlichkeit, Verantwortungsbewusstsein und Mitgefühl braucht, die Bereitstellung dieser Eigenschaften aber nicht Teil des Systems sind.

Wir haben also auf der einen Seite ein System, welches nur nachhaltig sein kann, wenn der Mensch verantwortungsvoll mit seiner Umwelt umgeht. Auf der anderen Seite wird der verantwortungslose Umgang mit der Natur wirtschaftlich belohnt. Die zur Funktionsfähigkeit des Systems benötigten Eigenschaften müssen derweil der Staat, die Schulen und die Familien beisteuern. Sind sie dazu nicht mehr in der Lage, wird das System kollabieren, weil es seine eigenen Grundlagen kannibalisiert.

Hierarchieebenen des Dharmas

Weil Dharma für alle Ebenen einer Gesellschaft gilt und diese ineinandergreifen und sich überschneiden, ist es so wenig rational zu beschreiben wie die Realität selbst. Es ist ja nichts anderes als ein Abbild der Realität. Folglich kann es für unseren Verstand nicht vollständig begreifbar sein. Wir können aber grob die Hierarchie-Ebenen, ausgehend vom Individuum bis hin zur Gesellschaft, darstellen und grundlegende Regeln aufzeigen, welche das menschliche Dharma beschreiben.

Auf der individuellen Ebene ist Dharma alles, was uns als Individuum gesund und zufrieden hält. Es sichert unsere individuelle Existenz.

Oberhalb des Individuums steht die Familie. Sie sichert das Individuum gegen zahlreiche Gefahren ab und erhöht damit die Chancen auf langfristige Existenz und Gesundheit. Es gibt ein Dharma für den Vater, die Mutter, die Kinder, den Onkel, die Tante, den Vorgesetzten, den Untertan usw. Jeder hat seine eigenen Rechte und Pflichten in diesem System. Natürlich setzt Dharma dem Verhalten des Einzelnen Grenzen. Es hat die Aufgabe, das Individuum abzusichern, aber diese Absicherung verpflichtet. Da die Familie die direkteste Verbindung zum Individuum darstellt, genießt sie zu Recht in der deutschen Verfassung einen besonderen Schutz. Sie ist die Basis einer jeden Gesellschaft.

Oberhalb der Familie finden wir den Clan oder die Großfamilie. Er wird vor allem in Gesellschaften benötigt, in denen das Individuum und die Familie nicht ausreichend durch den Staat geschützt werden. Schon auf dieser Ebene kann man sich leicht vorstellen, dass auf das Individuum und die Familie Pflichten zukommen, die unter Umständen als lästig empfunden werden. Langfristig setzt sich diese Struktur aber gegen die Einsiedelei durch, weshalb auch die Familie gut beraten ist, Teil einer übergeordneten Struktur zu sein.

Hierarchische Strukturebenen können sich auflösen, wenn übergeordnete Strukturen ihre Aufgaben an sich ziehen. In modernen Gesellschaften mit funktionierenden Sozialsystemen ist beispielsweise der Clan weitgehend überflüssig geworden. Nicht weil er nicht existieren möchte, sondern weil der Staat die Kernaufgaben des Clans an sich zieht, als da wären Schutz und soziale Sicherung der Familieneinheit. Je weiter der Staat seine Einflussnahme reduziert, desto wichtiger werden die natürlichen Strukturen des Dharmas.

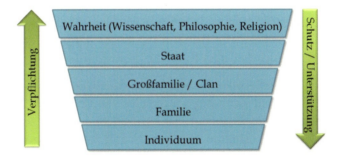

Über dem Clan steht folglich der Staat. Er kümmert sich um die nächste Ebene des Schutzes, die keine Familie und kein Clan jemals leisten könnte. Er schützt nicht nur das Individuum und die Familie gegen Invasion von außen. Er kümmert sich auch um große Infrastrukturaufgaben, muss das Staatssystem aufrechterhalten, Gesetze erlassen, Recht sprechen und vieles mehr. Dafür wird viel

Geld benötigt, das in der Regel durch Steuern aufgebracht wird. Diese gefallen dem Individuum zwar nicht, sind aber ein akzeptiertes Übel, will man die Vorteile eines funktionierenden Staates genießen.

Theoretisch kann man oberhalb des Staates noch die Hierarchie-Ebene der Wahrheit oder Wahrhaftigkeit definieren. Wahrheit ist zwar nicht leicht zu erkennen und häufig nicht eindeutig zu definieren, aber wenn ein Staat dauerhaft existieren will, muss er der Wahrheit verpflichtet sein. Wissenschaft, Religion und Philosophie kümmern sich um diesen Bereich. Sie helfen dem Staat, Wissen zu erlangen, welches er für die Erledigung seiner Aufgaben benötigt und das ihm hilft, die richtigen Gesetze zu erlassen.

Der Staat kann mit seinen Gesetzen nicht nur Sicherheit gewährleisten. Er kann auch Anreize zum richtigen Verhalten fördern. Wenn beispielsweise in einem Staat der Bürger, der brav seine Steuern zahlt, benachteiligt wird – weil vielleicht das Steuersystem unnötig kompliziert aufgebaut ist, um Schlupflöcher für Reiche zu schaffen – dann fördert der Staat den Betrug und die Dominanz der Betrüger über die Rechtschaffenen. Man könnte also behaupten, dass der Staat in diesem Fall seinem Dharma nicht gerecht wird.

Schauen wir von außen auf diese Hierarchie-Ebenen der Gesellschaft, dann wird das Dharma einer Hierarchie-Ebene immer dadurch definiert, dass alle darunterliegenden Ebenen bis hinunter zum Individuum Unterstützung erfahren. Folglich verlassen auch Religion und Wissenschaft den Pfad des Dharmas, wenn sie gegen das Individuum oder die Familie handeln.

Es ist wichtig zu begreifen, dass die Hierarchieebenen des Dharmas zu respektieren sind. Die Hierarchieebenen zu respektieren bedeutet, dass man sich seiner Stellung innerhalb der Hierarchie bewusst ist und seinen Platz einnimmt. Trägt man beispielsweise Verantwortung in einer internationalen Organisation, dann sollte man internationale Interessen und nicht nationale Interessen im Fokus haben. Ist man für eine Stadt verantwortlich, dann sollte man die Interessen der Stadt vertreten und nicht die eines Clans. Vertauscht man die Hierarchieebene, steht der Clan plötzlich über der Stadt, dann bekommt man mafiöse Verhältnisse.

Stellt sich das Individuum über die Familie oder den Clan, bekommt man einen Tyrannen. Stellt es sich über den Staat, hat man eine Diktatur. Eine Kleptokratie entsteht dadurch, dass sich ganze Clans ein Land unter den Nagel reißen und wirtschaftlich ausbeuten.

Aus Sicht der Hierarchieebenen sind Firmen ähnlich den Clans zu behandeln. Sie bündeln die Interessen einzelner Individuen und deren Familien. Stellt man die Interessen einer Firma über die Interessen einer Stadt oder eines Landes, so hat man im Grunde wieder mafiöse Strukturen, auch wenn man das im Kapitalismus nicht so bezeichnen würde. Würde es aber einer Firma oder einer Branche gelingen, ganze Staaten in ihre Gewalt zu bringen, dann entstünden ernsthafte Probleme für das Gemeinwohl. Dharma hat immer Gemeinwohl im Sinn. Ordnet man das Gemeinwohl einer Firma oder Branche unter, leidet die Gemeinschaft.

Je größer die Anzahl der missachteten Hierarchieebenen, desto größer der angerichtete Schaden. Je höher die Übertretung in der Hierarchie ansetzt, desto gefährlicher. Stellen wir uns vor, es würde der Pharmabranche gelingen, auf der Ebene internationaler Organisationen, z.B. der WHO, die Wahrheit zu manipulieren. Dann könnte die ganze Welt in eine Branchenabhängigkeit getrieben werden, welche nicht dem Gemeinwohl, sondern einzig der finanziellen Ausbeutung der Menschheit diente. Kaum vorstellbar, welche Konsequenzen das für die Menschheit haben könnte.

Den äußeren Rahmen für Dharma zu umreißen ist also nicht so schwer. Will man hingegen die Regeln für richtiges Verhalten eindeutig ableiten, sollte man vorsichtig sein. Unter Umständen ist das nur möglich, wenn man eine Bewusstseinsebene erreicht, auf der Wissenschaft und Religion eins werden. Solange Religion und Wissenschaft Gegenspieler sind, solange wir nicht begriffen haben, dass sie Abbilder der gleichen Realität sind und eine Einheit bilden, haben wir hierfür kein adäquates Instrument. Da der Mensch aber gezwungen ist Regeln aufzustellen, um funktionierende Systeme und Staaten zu erschaffen, sollte man zumindest den offensichtlichen, durch die Hierarchieebenen gesteckten Rahmen im Auge behalten.

Darüber hinaus gibt es einen weiteren bemerkenswerten Aspekt des Menschseins. Der Mensch scheint sein Dharma teilweise selbst zu erschaffen. Umsatzsteuer ist vermutlich kein gottgegebener Teil unserer Realität und dennoch Teil unseres Dharmas. Seine Steuern zu zahlen korreliert vielleicht mit dem Bibelzitat „Gebt dem Kaiser, was des Kaisers ist, und Gott, was Gottes ist". Zumindest scheint es im Einklang mit Dharma zu sein, dass der Mensch seine eigenen Gesetze aufstellt, sie einhält und deren Befolgung durchsetzt. Vorausgesetzt natürlich, dass der äußere Rahmen des Dharmas gewahrt bleibt.

Heilige, Propheten und Inkarnationen

Betrachtet man die unterschiedlichen Religionen, so findet man häufig ähnliche Dharmas, also Verhaltensregeln und Gesetze. Und natürlich steht die Frage im Raum, woher die Religionsstifter ihr Wissen beziehen.

Lao Tse zum Beispiel wird folgender Vers zugeschrieben.

Ein Wesen gibt es chaotischer Art
Das noch vor Himmel und Erde ward
So tonlos, so raumlos, ganz alleine auf sich nur gestellt
Ungefährdet wandelt es im Kreise
Du kannst es ansehn als die Mutter der Welt
Ich kenne seinen Namen nicht
Ich nenne es Tao, damit es ein Beiwort erhält

In diesem Vers aus dem Tao Te King definiert Lao Tse das Tao als ein Wesen, das bereits vor Himmel und Erde, also vor Raum und Zeit, existierte. Bezeichnet es als die Mutter der Welt, welche das Universum aus sich heraus gebiert. Sie ist unergründlich, handelt unvorhersehbar, chaotisch. Woher wusste er das? Hatte er Halluzinationen? Oder Drogen genommen? Oder hatte er vielleicht Zugang zu Dimensionen, welche sich dem Normalsterblichen entziehen? Haben Propheten mit uns Menschen vielleicht genau das gleiche Problem, das wir von der Kakerlake kennen? Dass sie uns nicht erklären können, was sie erleben, weil uns eine oder gar mehrere Dimensionen der Realität in unserer Wahrnehmung fehlen? Ist Erleuchtung vielleicht eine solche Bewusstseinserweiterung in die vierte oder gar fünfte Dimension?

Postulieren wir also, dass Heilige, Propheten und Inkarnationen keine halluzinierenden Drogenfreaks sind, sondern eben dieses Problem mit dem Menschen haben. Sie sind sich weiterer Dimensionen bewusst, können Gott wahrnehmen, wahr und falsch unterscheiden, aber im Bewusstsein des Menschen gibt es keine derartige Wahrnehmung, die sich auf dem zentralen Nervensystem manifestieren würde. Was es generell schwer macht, Propheten, Heilige und Inkarnationen als solche zu identifizieren und es unmöglich macht, sie zu verstehen.

Sie versuchen deshalb, das Verhalten der Realität mit uns bekannten Beobachtungen zu umschreiben. Wir erinnern uns an die Kakerlake. Egal wie man es erklärt, es ist immer nur halb richtig. Um Gott zu verehren, soll man einen heiligen Stein umrunden – das machen zumindest Muslime, Hindus und Buddhisten. Doch welcher Stein wirklich heilig ist, das können wir nicht spüren. Ein Prophet war in Arabien und hat dort einen heiligen Stein entdeckt. Andere waren im Himalaya und haben dort heilige Steine identifiziert und wieder andere verehren Stonehenge.

Wo die Vernunft nicht mehr hinreicht, wird mit Angst gearbeitet. Wenn man jemanden ermordet, wird man dafür bezahlen müssen. Lügt man, dann auch, aber vielleicht weniger. Ist man wiederum freundlich und hilfsbereit, dann sagt man, Gott würde dem Menschen beistehen. Das kann man glauben oder nicht glauben. Man kann es aber mit unseren Sinnesorganen nicht erleben und deshalb auch nicht wissen. Gott bleibt ein Mysterium. Will man tatsächlich wissen, wird man seine Wahrnehmung um weitere Dimensionen erweitern müssen. Anders kann es niemals funktionieren.

Es stellt sich deshalb die elementare Frage, ob es möglich ist, diese Grenze des menschlichen Bewusstseins zu überschreiten. Entspricht die Wahrnehmung dieser Dimension dem nächsten Schritt in der Evolution der Menschheit? Gibt es einen Weg, der uns eine weitere Dimension der Wahrnehmung zugänglich macht und haben Heilige aller Zeiten diesen Weg vor uns beschritten? Und wenn ja, wo ist er oder wie sieht dieser Weg aus?

Das sechste Sinnesorgan blickt nach innen

Es gibt neben den fünf uns bekannten Sinnen noch ein weiteres Sinnesorgan im Menschen. Es liegt im limbischen System unseres Gehirns und ist Teil des autonomen Nervensystems. Die allermeisten Menschen haben keinen bewussten Zugang zu diesem Sinnesorgan. Der Sinnesorgan-Anteil ihres limbischen Systems liefert keine Informationen an das zentrale Nervensystem. Sie können es deshalb nicht nutzen.

Jedes Sinnesorgan benötigt ein Element, über das es Informationen abgreifen kann. Der Tastsinn benötigt Gegenstände oder etwas, das Druck ausüben kann, also Masse hat. Nase und Ohren benötigen Luft als Trägermedium für unterschiedliche

Gerüche und Schallwellen. Unser Geschmackssinn bedarf der Flüssigkeit, um darin enthaltene chemische Informationen an die Zunge zu übergeben, und unsere Augen brauchen Licht um zu sehen.

Befänden wir uns in einem Raum und das Licht würde vollständig verschwinden, wäre es zwar dunkel und wir könnten keine Objekte mehr sehen, aber wir könnten sie ertasten, eventuell riechen oder hören. Wir würden nicht an der Existenz der Dinge oder der Personen im Raum zweifeln, nur weil wir sie nicht mehr sähen. Wir wissen, dass die Objekte auch dann bleiben, wenn das Licht ausgeht.

Beträten wir indes einen Raum, den wir noch nie betreten hätten, in dem es keine Geräusche, Gerüche und auch kein Licht gäbe, dann wüssten wir nichts über diesen Raum. Und wenn wir ihn nicht ertasteten, dann würden wir auch niemals etwas über ihn erfahren. Er bliebe für immer unserer Wahrnehmung verborgen.

So ähnlich verhält es sich mit dem Sinnesorgan, das sich im limbischen System unseres Gehirns befindet. Wir haben es noch niemals benutzt. Die meisten Menschen kennen niemanden, der auch nur von seiner Existenz gehört hätte, geschweige denn in der Lage wäre, es zu nutzen. Im Yoga wird dieser Bereich als Kronen- oder Sahasrara Chakra bezeichnet. In unserem Kulturkreis gibt es dafür nicht einmal ein Wort.

Um dieses Sinnesorgan nutzen zu können, bedarf es einer Energie, welche im Kreuzbein am Ende der Wirbelsäule ruht. In der Medizin heißt der Knochen Os sacrum. Das bedeutet übersetzt „Heiliger Knochen". Man sagt, diese Energie schlafe. Sie reflektiere die weibliche Energie Gottes im Menschen, seine Kraft, die Kraft seiner Liebe. In Indien verehrt man sie als Göttin Kundalini. In anderen Kulturkreisen wurde sie mit anderen Namen benannt. Die Gnostiker nannten sie das Pneuma, den Hauch des Geistes, Hagion Pneuma, den Heiligen Geist. Sie ist auch als Göttin Sophia bekannt, Schöpferin des Lebens, oder als das Tao, die Mutter des Universums. Sophia hat die Macht, die Seele mit dem Göttlichen in Einklang zu bringen[3]. Sie reflektiert die Mutter des Universums. Sie ist das heilige Wasser des Lebens, verborgen im Heiligen Gral. Im Tao Te King heißt es dazu:

Die Erde hat einen Anbeginn
Er sei der Erde Mutter genannt
Wer einmal seine Mutter fand
Hat sich als Ihren Sohn erkannt
Wer einmal sich als Sohn erkannt
Wird treuer noch die Mutter wahren
Sinkt hin sein Leib, ist er ohne Gefahren

---

[3] Edwards, Mattew, Pneuma and Realized Eschatology in the book of Wisdom

Auch wenn diese Energie oder Kraft seit Jahrhunderten bekannt war, so geschah es nur extrem selten in der Geschichte der Menschheit, dass sie in einem Menschen erweckt wurde. Jene, bei denen diese Kraft erweckt war, waren anders. Sie konnten mehr verstehen, hatten tieferen Einblick in das Wesen der Realität, schienen bisweilen mit Gott verbunden zu sein. Die Erweckung dieser Energie im Menschen scheint unsere Wahrnehmung um eine neue Dimension zu erweitern.

So wie eine dreidimensionale Wahrnehmung den äußeren Raum unmittelbar sinnhafter ins Bewusstsein bringt als eine zweidimensionale, ohne dass es dazu einer intellektuellen Anstrengung bedürfte, so bewirkt die Wahrnehmung der vierten Dimension, dass sich zahlreiche traditionelle Fragen der Menschheit von selbst lösen. Die Frage nach Gott, dem Sinn des Lebens, alles tritt ans Licht, wenn diese Dimension bewusst erlebt wird.

Die innere Energie

Wenn diese innere Energie erweckt wird und ins limbische System des Gehirns vordringt, trägt sie Informationen über den subtilen Energiekörper des Menschen ins Gehirn. Das Sinnesorgan „limbisches System" kann nun seinem Element Kundalini Informationen entnehmen und an das zentrale Nervensystem weitergeben, so wie all unsere anderen Sinnesorgane auch.

Die Art der Informationen, welche die Kundalini transportiert, unterscheidet sich von den uns bekannten Sinneseindrücken, so wie sich das Sehen vom Hören oder Fühlen unterscheidet. Es ist tatsächlich etwas vollkommen Neues. Dieses Sinnesorgan blickt nach innen, ins Wesen der Dinge. Es ermöglicht dem Menschen, sein Umfeld als Teil des eigenen Wesens zu erfahren.

Die uns bekannten fünf Sinne reichen allesamt in die äußere Welt. Wir wundern uns nicht, wenn wir uns mit anderen Menschen in einem Raum befinden, dass wir sie sehen und hören können. Es irritiert uns auch nicht, dass wir denselben Raum mit ihnen teilen, also die drei uns bekannten Raumdimensionen. Das ist völlig normal. Mithilfe unserer Sinne erfassen wir Dinge im äußeren Raum. Wir werden uns unserer Positionierung im Raum bewusst, erkennen die der anderen, ihre Geräusche, Gerüche; spüren Dinge im Raum, nehmen den Geschmack unseres Essens wahr und wissen, dass auch unsere Tischnachbarn das Essen in gleicher Weise schmecken.

Doch in uns drin sind wir allein. Wir können äußerlich in Gesellschaft und gleichzeitig innerlich in vollständiger Einsamkeit existieren. Zwar können wir anhand von Gesten, Gesichtsausdrücken und anderen Sinneseindrücken auf den Gemütszustand anderer schließen, aber wirklich fühlen können wir sie nicht.

Kundalini öffnet die Tür nach innen. Ins eigene Innere und ins Innere der Welt. Sie zeigt uns, dass wir eins sind, dass wir alle den gleichen inneren Raum bewohnen und dass die Trennung zwischen uns rein äußerlich, ja sogar illusionär ist. Sie ermöglicht es, die Natur als Teil des eigenen Selbst wahrzunehmen. Ein kleines Blatt oder ein einzelner Grashalm vermag ungeheure Freude im Innern auszulösen, wenn man sich seines Wesens bewusst wird. Der Raum des Himmels, die Kraft der Flüsse, die Tiefe des Meeres – alles öffnet sich dem Bewusstsein, wenn die Kundalini unsere Aufmerksamkeit ins Sahasrara Chakra begleitet.

Die Kundalini reflektiert das Tao in uns, Sophia, die Mutter des Universums, den Heiligen Geist. Und weil dieses Wesen die Basis aller Existenz ist, verbindet sie uns mit dem Ganzen, reflektiert das Ganze in uns.

Die Verbindung des Individuums mit dem Ganzen bezeichnet man als „Yoga". Die einfachste und effektivste Technik, mit der ein Individuum die Kundalini erwecken und das Ganze in sich reflektieren kann, ist Sahaja Yoga.

Sahaja Yoga

Sahaja[4] Yoga wurde Anfang der 1970er Jahre von Nirmala Shrivastava entwickelt, auch bekannt unter dem Namen Shri Mataji Nirmala Devi. Sie hat Sahaja Yoga über einen Zeitraum von mehr als 40 Jahren gelehrt. In mehr als 100 Ländern weltweit wird diese Meditationstechnik praktiziert.

Sahaja Yoga erweckt die Kundalini und macht das limbische System im Gehirn unserer Wahrnehmung zugänglich. Es öffnet so eine weitere Dimension im Bewusstsein des Menschen. Diese Dimension macht das Wesen der Dinge erlebbar. Wer tiefer ins Wesen der Dinge eindringt, beginnt Gott wahrzunehmen. Man spürt die Energie des Göttlichen auf seinem zentralen Nervensystem, so wie man die Energie der Sonne auf seiner Haut spüren kann. Man kann Gott fühlen, manchmal sogar riechen. Und weil sich diese Wahrnehmung auf dem zentralen Nervensystem manifestiert, kann man sie mit anderen teilen, empirisch erforschen; kann man es beweisen.

Der Begriff Sahaja Yoga hat mehrere Bedeutungen. Aus dem Sanskrit stammend bedeutet Sahaja „spontan" oder „angeboren". Yoga bedeutet übersetzt „das Joch", die Anschirrung des Individuums an Gott. Sahaja Yoga bezeichnet also die spontane Verbindung des Individuums mit Gott.

---

[4] Sprich: Sahadscha, wie im Wort „Maharadscha"

In seiner anderen Bedeutung bezeichnet es die von Shri Mataji entwickelte Technik, um eben diesen Zustand von Yoga zu erfahren. Sahaja Yoga verfolgt das Ziel, Harmonie zwischen dem Individuum und dem Ganzen zu erreichen. Ein Zustand, in dem man gedankenfrei bewusst ist.

Dieses Buch wird nur am Rande auf die Techniken dieser Meditation eingehen. Jeder kann sie im Internet oder in Sahaja Yoga Kursen – normalerweise kostenfrei – erlernen. Dieses Buch möchte dem Leser vielmehr in sehr groben Zügen die Evolution der Spiritualität aufzeigen und helfen, das Vorurteil zu beseitigen, Gott könne nicht empirisch belegt und wahrgenommen werden. Es ist richtig, dass das die letzten 4 Milliarden Jahre nicht möglich war. Und eine so lange Zeitspanne hinterlässt nun mal gewisse Zweifel, ob das, was gestern noch unmöglich war, nun möglich sein kann. Aber genau wie technologischer Fortschritt gestern noch unmöglich Geglaubtes heute alltäglich gemacht hat – man denke nur an die Entwicklung des Mobiltelefons oder der Navigationssysteme – so finden auf diesem Planeten evolutionäre Entwicklungen statt, die den Menschen neue Dimensionen ihrer Wahrnehmung ermöglichen. Einmal vorhanden, erscheinen sie uns so einfach und alltäglich wie unsere Handys. Und genauso wie Verständnis und Akzeptanz einer neuen Technologie nur durch deren Nutzung entstehen können, kann die Funktion und Wirkungsweise von Sahaja Yoga nur durch den

Umgang und die Nutzung dieser neuen spirituellen Technik verstanden und akzeptiert werden.

Die Hürden für die Akzeptanz von Sahaja Yoga sind indes ungleich höher, da es Dinge von uns einfordert, die in unserem Verstand und unserer Gesellschaft als altmodisch und obsolet gelten. So sehr, dass die meisten Menschen schon abwinken, bevor sie es überhaupt versucht haben. Hinzu kommen die Interessen mächtiger Organisationen wie etwa der Kirchen, die sich nichts Schrecklicheres vorstellen können als Schäflein, die ihrer Beratung nicht mehr bedürfen. Schlimmer noch: Menschen, die sich bewusst werden, dass Gott universell ist, dass er alle Menschen liebt, unabhängig davon, ob oder was sie glauben. Die sich bewusst sind, dass Gott paradox ist, eins und viele. Menschen, die alle großen Inkarnationen anerkennen und verehren. Denn all das impliziert, was der denkende Mensch längst weiß: Dass Vereinigungen, die einen Alleinanspruch auf Gott und seine Wahrheit erheben, der Lüge überführt werden. Gott ist kein Vereinsmitglied. Er ist jederzeit überall.

Sahaja Yoga ist keine Organisation und kein Verein. Es ist ein Bewusstseinszustand, der durch alle Zeiten einigen wenigen offenstand. Heilige und Propheten unterschiedlichster Religionen befanden sich im Zustand der spontanen Verbindung mit Gott. Dieser Zustand ist vollkommen unabhängig von menschlicher Schöpfung. Menschen wie Schiller oder Mozart hatten ebenso Zugang wie Mahatma Gandhi, Jalal ad-Din Rumi oder Hildegard von Bingen. Nicht alle folgten einer religiösen oder spirituellen Schule. Nicht alle waren sich dieser Verbindung klar bewusst.

Mit Sahaja Yoga kann die Wirkung des Handelns im eigenen Bewusstsein erfahren werden. Das macht das Individuum zum eigenen Meister, zum eigenen Priester. Es erzeugt große Freiheit. Gleichzeitig ist es eine große Verantwortung. Vor allem aber macht es einen Heidenspaß, denn niemand hat mehr Humor als Gott.

Die Freiheit zur Evolution

Die Freiheit des Menschen stellt für die Evolution ein Problem dar, denn was machen, wenn der Mensch keine Lust hat, sich weiterzuentwickeln? Immerhin ist eine neue Dimension der Wahrnehmung ein großer und bedeutender Schritt für das Individuum. Und man kann ja kaum von Freiheit sprechen, wenn man dem Einzelnen diesen Schritt aufzwingt, ohne sein Einverständnis zu haben.

„Suchet und ihr werdet finden" deutet auf diesen Zusammenhang hin. Es ist wichtig, dass man nach der Wahrheit sucht. Es ist wichtig, dass man um die Evolution der Wahrnehmung bittet. Wie sonst sollte das Formlose wissen, dass man bereit ist, an der Evolution des Bewusstseins teilzunehmen? Natürlich ist es das Geburtsrecht eines jeden Menschen. Aber Rechte muss man einfordern.

Nach der Wende 1989/90 hatte jeder Bürger der DDR bei Einreise in die BRD Anspruch auf hundert D-Mark Begrüßungsgeld. Aber das wurde den DDR-Bürgern nicht hinterhergetragen. Sie mussten zur Bank gehen, ihren Ausweis vorlegen, „ja ich will" sagen und dann haben sie das Geld erhalten.

Wenn wir davon ausgehen, dass es eine übergeordnete Macht gibt, die dem Menschen seine Freiheit geschenkt hat, dann müssen wir auch davon ausgehen, dass wir diese Freiheit nutzen und um unsere Evolution bitten müssen. Diese Macht respektiert unsere Freiheit. Alles andere wäre unlogisch. Wie wir sie ansprechen sollen? Halten wir uns an Lao Tse, dann müsste „Mutter" funktionieren oder „Mutter des Universums".

Shri Mataji Nirmala Devi

Gott existiert. Bislang ließ sich seine Existenz aber nicht in einer Art beweisen, die man als wissenschaftlich hätte bezeichnen können. Weder naturwissenschaftlich-experimentell noch subjektiv-empirisch konnte man Gott nachweisen. Am allerwenigsten gab es die Möglichkeit, das Göttliche direkt auf dem zentralen Nervensystem wahrzunehmen beziehungsweise diese Wahrnehmung, so man sie erlangt hatte, einer breiten Öffentlichkeit zugänglich zu machen.

Heute jedoch kann man die Existenz Gottes beweisen. Dank Shri Mataji Nirmala Devi (Dr. hc. Nirmala Shrivastava *1923, † 2011)[5] gibt es eine allgemein zugängliche, funktionierende, empirisch belegbare Methode, das Absolute zu erfahren. Sie hat diese Methode „Sahaja Yoga" genannt, die spontane Verbindung mit dem Göttlichen. 1970 hat Sie begonnen, diese Methode – zuerst in Indien, später in England und schließlich weltweit – zu lehren; hat dutzende Länder bereist und unzählige Vorträge gehalten, um den Menschen diese Möglichkeit zu eröffnen.

Nun könnte man denken, dass die Welt sich nichts sehnlicher wünschte, als dem Schöpfer endlich in die Karten zu sehen. Weit gefehlt. Wahrheit hat immer Absolutheitsanspruch und die Welt

---

[5] Wer mehr über Shri Mataji erfahren möchte, dem sei die Webseite shrimataji.org empfohlen

scheint sich vor nichts mehr zu fürchten als dem Absoluten. Vor einem Wissen, das für jedermann frei zugänglich ist, unabhängig von seinem Glauben, seiner Religionszugehörigkeit, seiner Ausbildung oder Herkunft. Vor einem System, das den Homo sapiens in eine neue Dimension des Seins einführt, ihm eine tiefere Wahrnehmung verleiht; das ihn in die Lage versetzt, die Meinung des Absoluten einzuholen, ohne dafür einen Priester, Mullah, Guru oder Persönlichkeitscoach in Anspruch nehmen zu müssen. Entlarvende Wahrheit, jenseits von Glaube und Politik.

Wie viele Menschen gibt es, deren weltliche Existenz, deren politische oder religiöse Macht, deren Reichtum sich ausschließlich durch den Glauben ihrer Anhänger aufrechterhält? Und wer würde in der Geschichte als Betrüger dastehen, wenn jedermann die Wahrheit auf dem zentralen Nervensystem wahrnähme? Wer würde Geld verlieren? Wer seine weltliche oder religiöse Legitimation? Wer würde philosophisch widerlegt? Welche intellektuellen Konzepte würden sich als falsch erweisen? Es gibt ausreichend einflussreiche Persönlichkeiten, deren Leben eine dramatische Wendung nähme, wenn große Teile der Menschheit diese Dimension entwickeln könnten. Haben sie echtes Interesse am Aufstieg der Menschheit? Nur wenige besitzen den Mut, sich der Wahrheit zu stellen.

Und so kam es, dass die liebevollste, barmherzigste und mächtigste aller Inkarnationen unseren Planeten fast unbemerkt besuchen konnte. 40 Jahre hat Sie gelehrt, hat weltweit Vorträge gehalten, vor der Weltfrauenkonferenz der UNO gesprochen, aufgrund ihrer Ehe mit dem Generalsekretär der Vereinten Nationen für Maritime Angelegenheiten (IMO) tausende Politiker und Staatsmänner getroffen, Ayatollahs, Kirchenfürsten. Sie hat tausende öffentliche Vorträge gehalten und Millionen von Menschen ihre Selbstverwirklichung gegeben.

Wollen wir die Frage nach Gottes Existenz ernsthaft lösen, dann ist Sahaja Yoga sicher die einfachste Art, das zu tun. So wie man mit einer brennenden Kerze leicht andere Kerzen entzünden kann, so kann ein Mensch, dessen Kundalini mit Sahaja Yoga Meditation erweckt wurde, die Kundalini anderer Menschen erwecken. Dazu braucht es keine Organisation oder Mitgliedschaft. Man muss sich nur etwas Zeit nehmen. Unsere Wahrnehmung erhält eine neue Dimension. Diese muss man erkunden. So wie ein kleines Kind den Körper, in dem es steckt, erkundet und nutzen lernt.

In der gleichen Art braucht auch Sahaja Yoga seine Zeit. Die Energie ist schnell erweckt, aber was sie bedeutet, wie sie funktioniert, das muss man erfahren und üben, nicht glauben. Gläubige gibt es genug auf unserem Planeten. Die Existenz Gottes auf dem zentralen Nervensystem zu erfahren, ist ein gigantischer Schritt in der menschlichen Evolution. Sie können das schaffen! Ganz alleine zu Hause oder gemeinsam mit anderen. Sie können sich mit Freunden zur Meditation treffen. Wichtig sind etwas Geduld, Wachsamkeit und gesunder Menschenverstand.

Der Beweis Gottes

Wenn man hört, „es gibt einen Beweis", dann denken viele, dass damit ja alles klar sei und man den doch mal vorführen solle. So wie ein mittelalterlicher Gaukler zwei Gläser mit klarem Wasser mischt und – Oh Wunder – plötzlich ist Farbe im Wasser.

Aber so einfach ist das mit dem Beweis Gottes nicht. Will man Einfacheres beweisen, beispielsweise dass die Erde eine Kugel ist, dann wird man nicht nur einen hohen Beweisaufwand erbringen müssen. Der Beobachter der Beweisführung muss auch eine wissenschaftliche Offenheit gegenüber der These haben; muss vielleicht bereit sein, die Erde zu umrunden, Mathematik und Geometrie zu erlernen. Würde der Beobachter stattdessen einfach einen Gegenstand fallen lassen und behaupten, damit sei doch bewiesen, dass die Menschen auf der Unterseite einer Kugel runterfielen, würde man kaum von wissenschaftlichem Vorgehen sprechen, hätte dem aber auch wenig entgegenzusetzen. Denn Gravitation ist unsichtbar und schwer zu beweisen. Zu einem Beweis gehören deshalb immer zwei. Einer, der den Beweis führt, und einer, der bereit ist mitzugehen, auch wenn er dazu einmal um die Welt segeln muss.

Nun gibt es einen neuen revolutionären Beweis, den Beweis der Existenz Gottes, und der ist erheblich viel komplexer. Man braucht Mut, Offenheit und Geduld, wenn man ihn erleben möchte. Wir begeben uns in einen Bereich unserer Wahrnehmung, der uns niemals zugänglich war. Es ist, als ob wir zum ersten Mal im Leben etwas sähen, zum ersten Mal die Augen öffneten. Hinzu kommt der schier unerschöpfliche Berg an Halb- und Unwissen, der die Themen Gott und Religion belastet und den es zu überwinden gilt. Selbst wenn wir plötzlich sähen, wir bräuchten einige Zeit, um die neuen Sinneseindrücke richtig interpretieren und einordnen zu können. Das muss jeder Mensch erst erlernen.

Wenn Sie also beginnen, Ihre Kundalini wahrzunehmen, dann erwarten Sie nicht, dass Sie gleich verstehen, was passiert. Sie wissen ja noch nicht einmal, ob es wirklich das Göttliche ist, das Sie wahrnehmen. Es ist zunächst einmal nur irgendetwas. Etwas, das Sie bisher nicht erfahren haben. Haben Sie Geduld. Beginnen Sie mit 1 + 1 = 2 anstatt dem mathematischen Induktionsbeweis der Tschebyscheff-Ungleichung.

Sahaja Yoga öffnet die moralische Dimension unserer Wahrnehmung. Wenn das geschehen ist, muss man im ersten Schritt üben, diese Dimension klar zu erfassen. So wie ein Kind laufen lernt, fällt, sich stößt, verletzt. Hat man diese Stufe erklommen, gilt es, das bisher in drei Dimensionen Gelernte gegen die neue Dimension zu prüfen, also alte Zöpfe abzuschneiden. Das braucht Offenheit, Mut und Experimentierfreude. Und es wird nicht immer funktionieren.

Die Wahrnehmung der vierten Dimension macht Sie nicht zu einem besseren Menschen. Sie nehmen nur mehr wahr. Besser werden müssen Sie schon selbst, wenn Sie Interesse daran haben. Und sie schützt Sie nicht vor Fehlern. Man kann auch mit offenen Augen stolpern oder gegen einen Pfosten laufen. So wie die Wahrnehmung der drei Raumdimensionen Unfälle nicht ausschließt, so schließt auch die Wahrnehmung der vierten Dimension moralische Unfälle, also ein Verhalten, das gegen die Harmonie mit dem Ganzen gerichtet ist, nicht aus. Insgesamt erhöht es aber die Chance, diese Harmonie zu erlangen, so wie auch unsere sehenden Augen die Gefahr, ungewollt gegen eine Wand zu laufen, deutlich verringern. Die Korrektur des eigenen Verhaltens geschieht automatisch, ohne Dogma oder Zwang, einfach weil es logisch ist. Auf diese Weise findet die Evolution des menschlichen Bewusstseins statt.

Betrachten wir uns die Evolution des Menschen, dann ist der vom Baum gekletterte Affe – beziehungsweise der menschliche Nachfolger des Neandertalers – zwar schon ein Homo sapiens, aber bis zum modernen Menschen, zu dessen Wissen, Kultur und seinen Fähigkeiten, war es noch ein sehr weiter Weg. Wir müssen deshalb davon ausgehen, dass es vom ersten Zugang zu dieser Bewusstseinsdimension 1970 bis hin zu einer Gesellschaft, welche diese Dimension perfekt integriert hat, ebenfalls ein weiter Weg sein wird. Geben wir uns also ein paar hundert Jährchen und beginnen wir mit dem ersten Schritt.

Letztlich wird die Menschheit diesen Weg gehen. Nicht weil er ihr aufgezwungen würde, sondern weil es in der Natur des Menschen liegt, seine Sinnesorgane zum eigenen Wohl zu nutzen.

Das Experiment

Also dann, versuchen wir es! Die Erweckung der Kundalini ist sehr einfach. Sie setzt lediglich voraus, dass Sie darum bitten. Denn Gott hat dem Menschen Freiheit geschenkt. Und so seltsam das klingt: Konnte er den Affen noch vom Baum befehlen, so will er das mit dem Menschen offenbar nicht. Der Wunsch, die Kundalini erweckt zu bekommen, ist essentiell, wenn ein Mensch seine Selbstverwirklichung haben möchte.

Nehmen Sie ein Foto von Shri Mataji und stellen Sie eine Kerze vor oder neben das Bild. Verbeugen Sie sich vor ihr. Öffnen Sie die linke Hand zum Foto. Das repräsentiert Ihren Wunsch, die Selbstverwirklichung zu bekommen. Legen Sie dann die rechte Hand oben auf den Scheitel, mit der Handinnenfläche auf der Fontanelle. Neigen Sie Ihren Kopf nach vorne. Schließen Sie die Augen. Bewegen Sie nun die Kopfhaut mit leichtem Druck sieben Mal im Uhrzeigersinn. Dabei bitten Sie innerlich sieben Mal: „Mutter, bitte gib mir meine Selbstverwirklichung."

Dann wird es still. Nehmen Sie die Hände herunter auf den Schoß und öffnen sie die Handflächen nach oben. Genießen Sie die Stille. Bleiben Sie eine Weile ruhig sitzen. Ohne zu denken. Sie beginnen, einen kühlen Hauch auf den Händen zu spüren. Der Kopf wird leerer. Man geht in einen Zustand der Gedankenfreiheit, bleibt aber bewusst. Das ist der einzige Punkt, auf den man aufpassen muss. Das ist wichtig! Wenn Sie das Gefühl haben einzuschlafen oder in einen tranceähnlichen Wachzustand zu verfallen, dann versuchen Sie lieber mit offenen Augen zu meditieren. Seien Sie achtsam. Der angestrebte Zustand ist der eines wachen Kindes. Mit offenen Augen und offenem Herzen, in der Gegenwart, ohne Gedanken.

Wenn Sie über dem Kopf nachschauen, indem Sie eine Hand wenige Zentimeter über den Kopf halten, dann spüren Sie ebenfalls, wie der Hauch der Kundalini aus Ihrem Kopf austritt.

Machen Sie sich keine Sorgen, wenn Sie das nicht gleich spüren. Wiederholen Sie die Übung einige Tage lang oder suchen Sie nach „Sahaja Yoga Meditation" im Internet. Haben Sie ein wenig Geduld mit sich. Bei manchen Menschen braucht es Wochen, bis sie diese Energie deutlich spüren können. Wenn es Sahaja Yoga in Ihrer Stadt gibt, können Sie es dort lernen. Das ist sicher einfacher als allein. Wenn nicht, dann suchen Sie sich ein paar Gleichgesinnte und meditieren Sie gemeinsam. Das ist effektiver als alleine.

Sie können diese Übung wann immer Sie möchten wiederholen. Da die Sahaja Yoga Meditation als Non-Profit-Organisation keine bezahlten Lehrer hat, ist das Netz der Meditationszentren in Deutschland ziemlich dünn. Sollte es in Ihrer Nähe kein Zentrum geben, dann finden Sie sicher eine Online-Meditation[6] oder können es auch autodidaktisch im Internet erlernen. Achten Sie darauf, dass Sie tatsächlich Sahaja Yoga erlernen und nicht irgendeine andere Meditationsform. Und lassen Sie sich nicht einreden, die Kundalini sei gefährlich. Sie ist Ihre Mutter. Sie liebt sie.

Meditation üben

Wenn Sie Meditation lernen wollen, müssen Sie regelmäßig meditieren. Es ist nicht so wichtig, wie lange man meditiert. Wir empfehlen, mit fünf bis zehn Minuten morgens und abends zu beginnen. Am besten meditiert man morgens nach der Morgentoilette, wenn man bereits angezogen ist, und abends, vor dem Schlafengehen. Wenn Sie lieber zu anderen Zeiten meditieren, dann tun Sie es einfach. Wichtig ist, dass Sie regelmäßig üben.

Ziehen Sie die Schuhe aus. Setzen Sie sich bequem und aufrecht hin. Entweder im Schneidersitz auf den Fußboden oder auf einen Stuhl. Die Füße sollten, wenn man auf dem Stuhl sitzt, mit etwas Abstand parallel auf dem Boden stehen. Heben Sie

---

[6] sahajayoga.de, freemeditation.com

sich Ihre Kundalini und verknoten Sie sie über dem Kopf[7]. Geben Sie sich ein Bandhan und bleiben Sie 5 - 10 Minuten ruhig sitzen. Konzentrieren Sie sich auf Ihren Scheitel, aus dem die Kundalini austritt. Lassen Sie Ihre Gedanken versiegen.

Sollte Ihnen das schwerfallen, dann beginnen Sie weiter unten im Körper. Den meisten Menschen hilft es, sich auf den Atem zu konzentrieren, weil man dadurch in der Gegenwart bleibt. Legen Sie die rechte Hand auf Ihr Herz und konzentrieren Sie sich zuerst auf das Herz und Ihre Atmung. Atmen Sie langsam ein, machen Sie eine kleine Pause und atmen dann wieder aus. Machen Sie eine weitere Pause und atmen dann wieder ein. Diese Übung wird beständig wiederholt. Die Pausen sollten so kurz sein, dass man nicht in Atemnot gerät. Ziel ist es lediglich, den natürlichen Rhythmus des Ein- und Ausatmens jeweils kurz zu unterbrechen. Auf diese Weise wird die Aufmerksamkeit nach innen gelenkt. Es entsteht Stille im Kopf.

Danach gehen Sie in kleinen Schritten mit der Hand nach oben und folgen mit Ihrer Aufmerksamkeit. Zum Halsansatz, zur Stirn, dann oben auf den Scheitel, 5 cm über den Scheitel. Am Ende nehmen Sie die Hand runter und lassen sie ebenfalls mit der

---

[7] Suchen Sie im Internet nach „Bandhan Sahaja Yoga". Dort gibt es zahlreiche Video-Anleitungen.

Handfläche nach oben geöffnet auf dem Oberschenkel liegen. Halten Sie aber die Aufmerksamkeit oben über dem Scheitel.

Natürlich werden Sie nicht jeden Tag gute und tiefe Meditationen haben. Aber schon nach wenigen Wochen werden Sie feststellen, dass Sie öfter und leichter in Meditation gehen können, auch wenn immer wieder Gedanken kommen.

Versuchen Sie nicht, Ihre Gedanken zu bekämpfen. Das funktioniert nicht. Sie können Gedanken aber durch Nichtbeachtung reduzieren. Gedanken ähneln einem Unterhaltungsangebot des Kopfes an unsere Aufmerksamkeit. Ähnlich den Fernsehern, die manchmal in Schnellrestaurants hängen. Man kann hinsehen und sich mitnehmen lassen. Man kann dem Unterhaltungsangebot aber auch nicht folgen, indem man einfach wegsieht oder sich mit dem Rücken zum Fernseher platziert.

Ähnlich ist das mit den Gedanken. Man kann sie nicht wegdiskutieren oder wegwünschen. Es hilft auch nicht, wenn man sich über sie ärgert. Man kann ihnen lediglich die Wirkung entziehen, indem man ihnen nicht folgt, sie nicht weiterdenkt. Freiwillig werden sich ihre Gedanken nur selten verabschieden. Sie müssen aktiv Verzicht leisten!

Und man muss sich von der Idee verabschieden, dass Wahrheit zu Ende gedacht werden kann. Das ist nicht möglich. Wer versucht, das Ganze bis zum

Ende zu denken, landet unweigerlich in einem Zustand großer Verwirrung, weil das Paradoxon niemals gedacht werden kann. Das Paradoxon existiert. Absolute Wahrheit existiert. Aber sie ist nicht gradlinig und rational wie unser Verstand, sondern multidimensional und paradox wie unser Herz.

Versuchen Sie deshalb, die Gedanken dadurch zu reduzieren, dass Sie ihnen in Ihrem Leben weniger Aufmerksamkeit schenken. Das spart Zeit und Energie, die Sie in der Realität nutzen können.

Nach einiger Zeit, werden Sie den gedankenfreien Zustand teilweise in Ihren Tagesablauf übernehmen. Er stellt sich dann vielleicht beim Spazierengehen in der Natur oder beim Kochen ein. Versuchen Sie, diesen Zustand bewusst zu erleben, so oft es Ihnen möglich ist.

Versuchen Sie gelegentlich, in der Natur zu meditieren. Je tiefer in der Natur desto besser. Setzen Sie sich auf die Mutter Erde, spüren und riechen Sie die Natur, ohne zu denken.

Wenn es irgendwie möglich ist, meditieren Sie regelmäßig mit anderen. Die Kundalini ist wie das Licht. Wenn jeder ein bisschen Licht mitbringt, wird der gesamte Raum heller. Wenn mehrere Menschen gemeinsam meditieren, dann verstärkt sich die Wirkung für den Einzelnen und er kann tiefer meditieren und leichter lernen. Hinzu kommt, dass die wenigsten von uns alle Chakren voll geöffnet haben. So hat ein jeder Qualitäten, von denen der andere in der Meditation profitieren kann. Einer hat ein gutes Herz, der nächste eine starke Aufmerksamkeit, der nächste wiederum ist kreativ. Da Sahaja Yoga Meditation ein kollektives Bewusstsein erzeugt, kann man diese Qualitäten wahrnehmen und ohne Worte von ihnen lernen.

Lassen Sie sich Zeit. Praktizieren Sie es. Sie werden den Prozess Ihrer inneren Evolution beschleunigen. Wenn Sie eine Ausbildung oder einen Bachelor machen wollen, nehmen Sie sich doch auch ein paar Jahre Zeit. Vollzeit! Sahaja Yoga kann man leicht erlernen. Man braucht sich nur 10 bis 20 Minuten pro Tag Zeit zu nehmen und zu üben. Der Rest passiert spontan.

Stufen der Meditation

Wenn man „Stufen der Meditation" hört, könnte man denken, es handle sich um eine Treppe, die zu erklimmen anstrengend sei. Dem ist nicht so. Meditation ist ein spontaner Zustand ohne Anstrengung. Ein Kind ist deutlich weniger angestrengt und verkrampft als ein Erwachsener, auch wenn es spielt oder rennt. Wir haben uns so viele Konditionierungen antrainiert, sind so voller Erwartungen und Reaktionen, dass unser Wesen fortwährend selbständig Anstrengung erzeugt und uns ermüdet. Der Name des chinesischen Meisters Lao Tse bedeutet übersetzt auch „Altes Kind". Das chinesische

Schriftzeichen für „Kind" und „Meister" ist dasselbe. Kindliche Spontanität ist ein Zeichen von Meisterschaft.

Wer tief meditiert, entwickelt ein Wesen, das nicht permanent auf jeden Reiz reagieren muss. Das erzeugt Gelassenheit, innere Ruhe und Frieden.

Achtsamkeit ist nur in einem Moment der Gelassenheit möglich. Ansonsten wäre es ein Zustand angestrengter Konzentration und nicht spontane Realität. Im Grunde bedeutet Achtsamkeit nur, dass man darauf verzichtet, seine Aufmerksamkeit beständig auf die eigenen Gedanken zu lenken. Man befreit sich von den Fesseln der Vergangenheit und Zukunft und ruht bewusst – also achtsam – in der Gegenwart. Das bedeutet nicht, dass man in diesem Zustand handlungsunfähig wäre. Im Gegenteil. Der Abstand zu den eigenen Gedanken ermöglicht spontanes Handeln in der Gegenwart. Als Beispiel wird dazu gerne ein Rad angeführt. Ein Rad dreht sich, aber das Zentrum des Rades ist in absoluter Ruhe und Balance. Wäre die Achse nicht in der Mitte des Rades, dann könnte das Fahrzeug nicht fahren. Meditation führt uns zum Zentrum, zur Achse unseres Wesens, um die herum sich alles bewegt, während die Achse selbst stillsteht.

Die erste Stufe der Meditation ist gedankenfreies Bewusstsein. Sie ist nötig, um die Realität wahrnehmen zu können, denn Realität ist unmittelbar, sie ist Gegenwart. Ein Kind sieht die Welt in diesem Bewusstsein. Allerdings sind die Informationen unserer Sinnesorgane unvollständig und subjektiv. Während das Kind also die Realität erfährt, speichert es seine subjektiven Wahrnehmungen im Gehirn ab – ähnlich einem Computer, dessen Prozessor Daten auf die Festplatte abspeichert. Mit zunehmendem Alter wird nun mehr und mehr auf diese abgespeicherten Informationen zugegriffen, bis man endlich erwachsen ist. Beim Erwachsenen ist der Prozessor fortan hauptsächlich mit der eigenen Festplatte beschäftigt und ruft unentwegt subjektive Assoziationen ab. Da Aufmerksamkeit in diesem Bewusstseinszustand eindimensional ist, kann man, während man denkt, nicht parallel wahrnehmen. Man könnte sagen, dass das Kind die Realität sieht, aber keine Lebenserfahrung hat. Der Erwachsene hat Lebenserfahrung, verliert aber mit zunehmendem Denken den Zugang zur Realität. Je mehr er denkt, desto weiter entfernt er sich von der Realität. Das Klischee vom verrückten Professor ist das beste Beispiel für diese Art Mensch. Er ist intelligent, gebildet, vielleicht sogar ein Genie. Aber im täglichen Leben ist er verwirrt und selbst von einfachen Tätigkeiten überfordert, weil seine Gedanken beständig zwischen ihm und der Wirklichkeit stehen.

Im gedankenfreien Bewusstsein sieht man die Welt zwar auch noch subjektiv, aber man sieht sie wenigstens. Man sieht die Gegenwart, also den „Weg". Der buddhistische Leitsatz „Der Weg ist das Ziel" bedeutet genau das. Es geht dabei nicht um einen geheimen Weg oder eine besondere Methode. Es geht allein um die Gegenwart. In unserem Kulturkreis ist vielen der biblische Satz „Ihr sollt sein wie die Kinder" bekannt. In ihrem Wesen sind diese Aussagen identisch. Beide weisen auf die Gegenwart.

Hat man die erste Stufe der Meditation erreicht, dann muss der Heilige Geist – in Asien bekannt als Kundalini – im Menschen erweckt werden. Diese Erweckung erfolgt entweder spontan oder aber man findet einen Meister, der in der Lage ist, diese Energie im Menschen zu erwecken.

In der Geschichte gab es immer wieder Persönlichkeiten, deren Energie tatsächlich erweckt war. Man erkennt es am Energiefluss, der ihren Werken und Taten entströmt. Darunter Weise und Mystiker wie Mahatma Gandhi, Jakob Böhme oder Rumi, Musiker wie Beethoven und Mozart, Philosophen und Dichter wie Novalis, Goethe oder Bettina von Arnim, Psychologen wie Carl Gustav Jung und Erich Fromm sowie Künstler wie Michelangelo und Vermeer. Man könnte eine lange Liste schreiben. Wie genau sie ihre Selbstverwirklichung erhalten haben, ist schwer zu sagen. Beim einen oder anderen findet man Indizien, aber denen nachzuspüren wäre hier nicht zweckmäßig und würde den Umfang dieses Buches sprengen.

Die Erweckung der Kundalini Energie ging aber nicht notwendigerweise mit der vollen Aktivierung der Wahrnehmung des subtilen Energiekörpers einher. Es bedarf einer gewissen Reinheit unterschiedlicher Chakren, damit man den Heiligen Geist wirklich auf den Händen spüren kann.

Sind die Chakren in Ordnung, dann kann jeder Mensch das absolute Bewusstsein auf dem zentralen Nervensystem fühlen. Es manifestiert sich wie ein spürbarer frischer Hauch, weshalb es auch als Atem Gottes bezeichnet wird.

In der zweiten Stufe der Meditation macht man sich mit dieser Wahrnehmung vertraut. Ob man dieses Bewusstsein nun als Gott, Allah, Shiva, Manitu oder Weltgeist bezeichnet, scheint nicht ausschlaggebend zu sein. Es ist wie mit der Sonne. Die Sonne scheint, egal, ob man sie der, die oder das Sonne nennt. Und sie scheint auf alle gleich, ungeachtet dessen, ob wir sie lieben oder hassen. Wer die Sonne liebt, wird sich öfter in der Sonne aufhalten und ihre Wärme genießen, wer sie nicht mag, wird den Schatten suchen. Der Sonne ist das egal.

Die Wahrnehmung des absoluten Bewusstseins ist nur deshalb möglich, weil man es bereits in sich trägt. Es reflektiert sich im Atman, also im Selbst. Das Selbst reflektiert dieses Bewusstsein mit Hilfe der Kundalini in unser Gehirn. So wie das gewöhnliche Licht das Wissen um die äußeren Formen in unsere Augen trägt, so trägt der Heilige Geist das Wissen um das Wesen der Dinge in unser limbisches System im Gehirn. Ohne die Erkenntnis des eigenen höheren Selbst kann Gott nicht erkannt werden. „Erkenne Dein Selbst" stand bereits über dem Orakel von Delphi.

In der dritten Stufe der Meditation richtet man seine Aufmerksamkeit auf das Absolute und versucht, es möglichst gut zu reflektieren. Das Selbst manifestiert sich im Herzen beziehungsweise im limbischen System auf dem Scheitel an der Fontanelle. Das Selbst reflektiert das Absolute. Man versucht dem Absoluten ergeben zu sein und bemüht sich, das eigene Wesen zu einem möglichst guten Reflektor zu machen. Ergebenheit – das arabische Wort für Ergebenheit lautet „Islam" – wurde deshalb als die höchste Religion bezeichnet. Je mehr man sich seinem wahren Selbst ergibt, desto spontaner, intuitiver und freier wird man. Man kann es auch mit der Auflösung des Individuums im Ganzen beschreiben. Man versucht, die eigene Struktur so sehr an die Struktur der Realität anzupassen, dass man beginnt sich darin aufzulösen, so wie sich Salz in Wasser löst. Das Absolute beginnt durch den Menschen zu wirken. Und diese Wirkung zeigt sich in den Eigenschaften des Absoluten, in Liebe und Barmherzigkeit.

Barmherzigkeit ist nicht Mitleid. Es ist die Fähigkeit, andere zu spüren, ihr Wesen zu durchdringen. Der Barmherzige leidet nicht nur mit anderen, er freut sich vor allem mit ihnen. Wer einmal gesehen hat, wie Kinder allein beim Beobachten einer schönen Situation vor Freude zu hüpfen beginnen, der weiß, was Barmherzigkeit ist.

Wenn der Barmherzige Gutes tut, dann nicht weil er notwendigerweise mitleidet. Er spürt die Freude dessen, dem geholfen wird. Barmherzigkeit führt zu mehr Genuss, nicht zu mehr Leid. Unser Spaß am Happy End ist allein unserer Barmherzigkeit geschuldet. Wir spüren die Freude der anderen, als wäre sie unsere eigene Freude. Allerdings ist dieser Zustand nicht vollkommen frei. Man ist nicht ständig eins mit ihm und muss ihn immer wieder verursachen und sich darin üben. Es gleicht ein bisschen einem Training oder dem Besuch einer Universität. In der dritten Stufe der Meditation wird die vierte Dimension zunehmend klarer wahrgenommen.

Mit dieser erleuchteten Aufmerksamkeit, deren Kern Barmherzigkeit ist, erfährt man das Wesen aller Dinge. Man spürt es in sich, als ob es ein Teil von einem selbst wäre. Die Grenzen zwischen innen und außen verschwimmen und man wird eins mit dem Ganzen. Der Tropfen fällt ins Meer. Dabei verschwindet er nicht, er wird nur eins mit etwas viel Größerem. Und dieses Größere ist absolute Glückseligkeit, absolutes Bewusstsein und absolute Wahrheit. Die Eigenheit der Dinge verschwindet und wird als Illusion erkannt. Alles ist Gott. Der Mensch ist zu Lebzeiten befreit. Das ist die vierte Stufe der Meditation.

Es gibt zahlreiche Meditationstechniken. Sahaja Yoga Meditation ist die einfachste unter ihnen, weil bereits während der ersten Übungen die Kundalini erweckt und die zweite Stufe der Meditation kurzzeitig erreicht wird. Mit Hilfe dieser Energie kann man, schon lange bevor das gedankenfreie Bewusstsein vollständig etabliert ist, das Atman immer wieder erfahren. Das beschleunigt den Prozess der inneren Entwicklung. Die Meditation ermöglicht auf diese Weise dem Meditierenden frühzeitig, erste Erfahrungen mit dem Absoluten zu machen. Diese Erfahrungen weisen einem die innere Richtung, in die man sich entwickeln muss. Man erkennt die Hindernisse, die zwischen dem Selbst und dem Absoluten stehen. So wird man befähigt, sein eigener Meister zu werden, und lernt, die eigene Aufmerksamkeit aus der Versklavung von Zukunft und Vergangenheit zu befreien.

Wirkung und Potential

Das Potential dieser Meditation erscheint grenzenlos. Es könnte die Menschheit in die Lage versetzen, ihre größten Irrtümer und Meinungsverschiedenheiten für immer zu beseitigen. In der medizinischen Forschung wird Sahaja Yoga bereits seit Jahren erfolgreich untersucht. Darunter Studien aus dem Bereich der Gehirnforschung, die einen Zuwachs an grauer Substanz im Gehirn von bis zu sieben Prozent feststellen[8].

---

[8] Interessant: Dem Verlust von grauer Masse im Alter werden zahlreiche Alterskrankheiten, z.B. Demenz, zugeschrieben

Wissenschaftliche Untersuchungen im Rahmen der Sozialwissenschaften oder der Bildung stehen indes noch aus.

Langfristig wird sich die Wahrnehmung dieser neuen Dimension durchsetzen. Die Fähigkeit, Realität klarer und umfangreicher zu erfassen, ist stets ein evolutionärer Wettbewerbsvorteil. Und sollte es den Weltenlenker Hegels geben und dieser Evolutionsschritt auf seinem Plan stehen, dann müssen wir davon ausgehen, dass er es zu Ende bringen wird. Die Frage wäre dann nicht so sehr, ob Sahaja Yoga die Anerkennung als wissenschaftliche Methode zur Erforschung unserer Welt bekommen wird, sondern wann.

Es wäre zu wünschen, dass die Menschheit diese neue Dimension erforschte und sich zu eigen machte. Die meisten Streitereien könnten damit der Vergangenheit angehören. Wie kann man anderen schaden, wenn man sie gleichzeitig fühlen kann? Wie kann man fanatisch sein, wenn man Gott in allen Religionen erkennt? Selbst der Narzisst von nebenan würde feststellen, dass die Maximierung der eigenen Freude nicht über die Befriedigung des Egos zu haben ist.

Es ist zu hoffen, dass dieses Potential in allen Bereichen unserer Gesellschaft erkannt werden wird. So wie die Aufklärung einst unvorhersehbar positive Auswirkungen auf das Leben hatte, wird diese zweite Aufklärung unser Leben erneut grundsätzlich verändern. Es ist nicht übertrieben, das, was wir heute erleben, als „Zweite Aufklärung" zu bezeichnen. Im 18. Jahrhundert hat die Aufklärung die Wissenschaft zur Basis der gesellschaftlichen Entwicklung erhoben. Das hat dazu geführt, dass Glaube und Religion vom Staat getrennt wurden. Der Glaube bekam seine neue Bedeutung als Privatangelegenheit, was später auch in die Menschenrechte und unser Grundgesetz übernommen wurde. Die Vernunft wurde zum Maß der Dinge.

Durch die Wahrnehmung der vierten Dimension wird die Vernunft nicht ad absurdum geführt. So wie die dritte Raumdimension auf den beiden anderen Dimensionen aufbaut und sie ergänzt, widerspricht auch die vierte Dimension nicht den uns bekannten Regeln. Sie erweitert sie lediglich in jenen Bereichen, die uns bisher nicht zugänglich waren, die im mystischen Dunkel lagen. Und die Erkenntnisse, die sich daraus ableiten, unterscheiden sich nur wenig von den Erkenntnissen der großen Glaubensstifter. Sie bringen diese Erkenntnisse lediglich in unsere Wahrnehmung und beenden damit einige jahrhundertealte Diskussionen und philosophische Spekulationen.

Natürlich braucht das Zeit. Man muss ja erst einmal erforschen, ob es wirklich funktioniert. Wenn wir heute anfangen, können wir vielleicht in zwei bis drei Generationen ankommen. Das wäre gemessen an der heutigen Erwartung – dass nämlich die Welt auf ewig relativ bleibt und wir niemals dort ankommen – mehr als ein Hoffnungsschimmer; ein wahr gewordener Traum.

Jenseits der vierten Dimension gibt es noch mindestens eine weitere Dimension der Wahrnehmung. In dieser fünften Dimension wird die Einheit mit dem Ganzen als natürlich wahrgenommen und ist nicht mehr umkehrbar. Das Individuum wird ein Teil Gottes und auch als solches empfunden. Es wird dabei nicht zu Gott. Das ist ein Paradoxon. Es ist untrennbar eins und bleibt trotzdem ein Individuum. Wer diese Dimension erreicht, ist vollständig erleuchtet. Die vierte Dimension gibt einen Vorgeschmack darauf, hat aber noch viele der uns bekannten Beschränkungen. Die fünfte Dimension ist frei von Angst, Gier oder Eifersucht. Es gibt nichts zu befürchten und nichts zu besitzen.

Stand heute gibt es keinen uns bekannten Weg in die fünfte Dimension. Vielleicht wird das ein späterer Schritt in unserer Evolution sein, wenn wir die vierte Dimension gemeistert haben. Menschen, die die Erfahrung der fünften Dimension gemacht haben, beschreiben den Weg dorthin als reine Gnade. Damit verläuft sich ein wegweisender Ansatz im Mystischen und braucht uns erst einmal nicht weiter zu beschäftigen.

Kurz gesagt:

- Evolution muss man wollen.
- Die Meditationstechnik von Sahaja Yoga wurde von Shri Mataji Nirmala Devi entwickelt.
- Sahaja Yoga ist der einfachste Weg die Kundalini zu erwecken und die Evolution unseres Bewusstseins zu starten.
- Die Kundalini steigt durch die Chakren zum Scheitel, integriert unser Wesen und verbindet uns mit dem kollektiven Bewusstsein.
- Im Laufe der Zeit führt uns die Kundalini immer tiefer in Meditation und erweitert unser Bewusstsein.

Yantra – Der Mechanismus im Mikrokosmos

Ich hoffe, im ersten Teil des Buches Ihr Interesse an der vierten Dimension geweckt zu haben; dass bis hierhin deutlich geworden ist, dass es diese Dimension tatsächlich geben kann. Der zweite Teil des Buches befasst sich mit dem Mechanismus des uns innewohnenden subtilen Energiesystems. Er beschreibt einige wissenswerte Dinge und gibt einen kleinen Einblick in die Funktion des Ganzen.

Die Struktur des Formlosen

Viele Menschen können nicht nachvollziehen, dass das Göttliche eine Struktur haben muss. Gott soll nicht nur formlos, sondern hat gefälligst auch strukturlos und weitgehend homogen zu sein. Eine Art allesdurchdringende Bewusstseinssuppe, ähnlich dem Terminator-Metall in Teil 2 der Serie. Aber wie soll die Welt, die voller Strukturen und Ordnung ist, dem Strukturlosen entspringen, ja mehr noch, ein Ebenbild des Strukturlosen sein? Das ist unlogisch. Selbst Gase haben eine atomare Struktur, auch wenn man keine äußere Form sehen kann.

Es steht geschrieben, Gott habe den Menschen nach seinem Ebenbild geschaffen. Und er sei dreieinig, nämlich gleichzeitig Vater, Sohn und Heiliger Geist. Klar. Selbst Sie – der Leser – sind vielleicht gleichzeitig Vater und Sohn. Vielleicht sind Sie

Mutter und Tochter. Man kann zusätzlich noch Lehrer und Schüler, Vorgesetzter und Untergebener in Personalunion sein. Jeder Mensch hat fortwährend mehrere Rollen inne, obwohl er ein einziges, unteilbares Wesen ist. Was für ein Problem sollte es da für Gott sein, unterschiedliche Aspekte in sich zu realisieren und bei Bedarf im Äußeren zu manifestieren? Ein jeder dieser Aspekte ist, wenn man genau hinsieht, „Gott der Allmächtige", so wie Sie immer Sie selbst sind, als Mutter oder als Tochter.

Sowohl bei den alten Griechen und Römern als auch im Hinduismus findet man zahlreiche Götter. Auch dort tragen zum Teil mehrere gleichzeitig den Titel „Gott der Allmächtige". Das widerspricht sich nicht, wenn man davon ausgeht, dass alle Gottheiten Teil eines großen, ungeteilten Ganzen sind. Sie manifestieren die unterschiedlichen Aspekte des Göttlichen, nichts weiter. Und die sind eben vielfältig. Wozu man das braucht? Damit man Gott verehren kann. Wann immer man etwas im Äußeren verehrt, versucht man es im Inneren zu erwecken. Die Trennung des formlosen Ganzen in einzelne verehrbare Aspekte ist unumgänglich. Versuchen Sie mal, das formlose und attributlose Ganze zu verehren. Das schaffen Sie nie!

Im Christentum ist Gott dreifaltig, Vater, Sohn und Heiliger Geist. Die Gnostiker verehrten den Heiligen Geist als „hieron pneuma", die Kraft der

Göttin Sophia. Man hätte somit ein weibliches Pendant zum Gottvater. Gott wirkt durch den Heiligen Geist. Sophia hat das Potential, in die Seele des Menschen einzudringen und sie damit in ein göttliches Ebenbild zu verwandeln[9]. Ihr wird die Fähigkeit zugeschrieben, den Menschen zu transformieren. Nicht dem Vater oder dem Sohn!

Genauso wie der Mensch Struktur aufweist, also ein Herz hat, eine Leber, ein Gehirn und alle möglichen unterschiedlichen Zellstrukturen, und damit trotzdem eine sich nicht widersprechende Einheit bildet, so hat auch Gott Struktur. Letztlich spiegelt sich diese makrokosmische Struktur im Mikrokosmos des Menschen, in seinen Organen und seinem Wesen. So wurde der Mensch Gottes Ebenbild, nämlich das Ebenbild seiner Struktur.

In Europa haben sich nur wenige Gelehrte mit der Struktur des Göttlichen befasst. Jakob Böhme vielleicht, vielleicht auch Mechthild von Magdeburg. Wer immer versucht hat, dem Göttlichen mehr zu entlocken als bereits in der Bibel geschrieben stand, hatte in Europa allerdings wenig zu lachen. Förderung erfuhr er meistens nicht. Stattdessen trachtete man ihm nicht selten nach dem Leben, weshalb wir heute praktisch keine spirituelle Kultur mehr besitzen. Selbst Papst Franziskus kritisierte in seiner Weihnachtsansprache 2014 den „spirituellen Alzheimer" seiner Kurie.

---

[9] Edwards, M., Vandenhoeck & Ruprecht 2012

Jetzt werden alle Gläubigen die Hände über dem Kopf zusammenschlagen und rufen: „Spinnt der? Wir sollen keine spirituelle Kultur haben?". Nein. Haben wir nicht. Wir haben unsere spirituellen Meister und Meisterinnen gefoltert, verfolgt, exkommuniziert und in jeder möglichen Art und Weise vernichtet. So gründlich, dass die Einheit von Mensch und Gott in unserer Gesellschaft kein Thema mehr ist. Zwar gab es auch in unserer Gesellschaft immer wieder Menschen, die sich dem Thema gewidmet haben. Denken wir nur an Hildegard von Bingen, Johann Wolfgang von Goethe, Bettina von Arnim, Friedrich von Hardenberg oder Carl Gustav Jung. Aber mit dem 2. Weltkrieg wurde selbst dieses aus spiritueller Sicht eher ärmliche Erbe gänzlich aus der deutschen Wertvorstellungsgleichschaltung entfernt. Die Einheit von Mensch und Gott, eine spirituelle Befreiung des Individuums, eine Erlösung zu Lebzeiten, ist kein in unserer Kultur angestrebtes Ziel.

Ich wüsste von niemandem in unserem Lande, dem man ein Denkmal gesetzt hätte, weil er dieses Ziel angestrebt oder erreicht hätte. Und mir ist keine öffentliche Diskussion oder Talkshow in Erinnerung, in der dieses Ziel oder Wege dorthin diskutiert worden wären. Seien wir also ehrlich mit uns. Für uns ist Gott für immer vom Menschen getrennt. Der Mensch ist nicht Teil Gottes, sondern ein mehr oder weniger misslungenes Experiment, das es irgendwie durch dieses Leben zu retten gilt, in der

Hoffnung dabei nicht zu viel Schaden anzurichten und dem sicher folgenden Gericht keine allzu große Angriffsfläche zu bieten. Die einzige uns akzeptable Alternative dazu ist kein Gott.

Aus diesem Grund werden wir, wenn wir Spiritualität suchen, uns in anderen Gegenden dieser Welt umsehen müssen. Ich wurde gelegentlich gefragt, wieso Sahaja Yoga sich überwiegend mit der indischen Götterwelt befasst. Die Antwort ist einfach. Weil dort die Spezialisten wohnen.

Will man ein gutes Auto kaufen, dann sucht man nicht in Indien, sondern in Deutschland. Hier wurde die Entwicklung der Technik gefördert, über Jahrhunderte an Universitäten erforscht und gelehrt. Hier wurden die ersten Autos gebaut. Die Forschung wird unterstützt, die Industrie gefördert. Deutsche Autos gelten vielen als die besten der Welt.

In Indien wurde seit Jahrtausenden die Spiritualität gefördert. Es soll Zeiten gegeben haben, da selbst Könige zu wichtigen Entscheidungen die Heiligen befragten; in denen das Wort der Heiligen über dem Wort des Königs stand. Dort wurden unterschiedlichste spirituelle Schulen gegründet und konkurrierende Lehren als Teil eines guten Ganzen akzeptiert. Buddha und Mahavira lebten und lehrten in Indien. Und das Morgenland, aus dem die Heiligen Drei Könige kamen, die als einzige den Heiland erkannt haben sollen? Indien. Die hießen sicher nicht Caspar, Melchior und Balthasar. Vielleicht hießen sie Brahma, Vishnu und Mahesha. Sie blickten ins Herz des Herodes. Das waren spirituelle Großmeister.

Die spirituelle Forschung wurde in Indien nie in das Korsett einer organisierten Religion gepresst, welche alles andere Wissen systematisch auslöschte. Und so ist Indien noch heute, trotz all der Armut und weltlichen Probleme, eine Fundgrube für spirituelles Wissen, die unsere westliche Welt spirituell mühelos in den Schatten stellt. Ähnlich einem Mercedes der S-Klasse im Vergleich zu einem Ambassador „Made in India".

In der Lehre des hinduistischen Advaita ist alles eins. Das ist logisch. Wenn außer Gott nichts existiert, woher soll er dann das Material nehmen, um etwas außerhalb von sich selbst zu erschaffen? Aus dieser Einheit heraus entsteht die Welt der Erscheinungen als große Illusion, welche alle Wesen in ihrem Schein gefangen hält. Im Kern ist die Existenz des Einzelnen immer ein Teil des Ganzen. Man muss die Illusion der Trennung der Dinge hinter sich lassen, um zu erkennen, dass alles Gott ist.

Natürlich ist der Mensch ein Teil Gottes oder existiert in einem Teilbereich des göttlichen Wesens. Nur scheint er sich dieser unausweichlichen Einheit mit dem Ganzen nicht bewusst zu sein. Der Schlüssel liegt in der Erkenntnis des eigenen Selbst. Erkenne dein Selbst. Nur dann kann Gott erkannt werden. Man erkennt sein Selbst als den Reflektor und über den Reflektor sieht man die Quelle des Selbst, sofern der Reflektor einigermaßen sauber ist.

Das subtile Energiesystem im Menschen

Das folgende Kapitel beschreibt unseren Mikrokosmos, also den Reflektor. Die Abbildung zeigt das subtile Energiesystem des Menschen, wie man es in Sahaja Yoga erfahren kann.

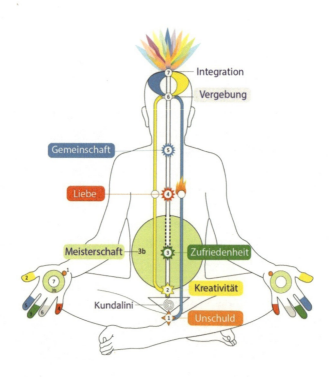

Der subtile Energiekörper des Menschen besteht aus drei Energiekanälen. Die Energiekanäle verbinden darauf liegende sieben Energiezentren, die Chakren. „Chakra" bedeutet „Diskus". Eine rotierende Scheibe, die auch als Blüte mit mehreren Blütenblättern oder als Stern dargestellt wird. Im unteren Bereich des mittleren Energiekanals liegt, in Form eines Dreiecks, das Kreuzbein, und darin in dreieinhalb Windungen aufgerollt die schlafende Kundalini Energie, das Wasser des Lebens im Heiligen Gral.

Die drei Energiekanäle

Unser subtiler Energiekörper hat drei große Energiekanäle. Der linke und rechte Energiekanal manifestieren den Sympathikus, also jenen Bereich des Nervensystems, auf den wir aktiv zugreifen können. Die linke Seite, der Ida Nadi, generiert dabei unsere Vergangenheit und manifestiert unseren emotionalen Körper. Sie kühlt und wird deshalb auch als Mondkanal bezeichnet, als die weibliche Seite, das Yin.

Die rechte Seite, der Pingala Nadi, manifestiert unseren mentalen und physischen Körper. Es ist der Sonnenkanal, die männliche Seite, das Yang. Wie man sieht, sind die Kanäle getrennt. Sie treffen sich im Chiasma opticum, der Sehnervenkreuzung. Von dort kreuzen sie in die linke und rechte Hirnhemisphäre. Die Energie der linken Seite manifestiert sich also in der rechten Hirnhemisphäre, und umgekehrt wechselt die rechte Seite in die linke Hirnhemisphäre.

An den Enden beider Kanäle befinden sich im Kopf ballonartige Gebilde. Der zur rechten Seite gehörende gelbe Ballon ist unser Ego, jene Instanz in uns, welche durch Denken und Planen aktiviert wird. Den Ballon der linken Seite in der rechten Hirnhemisphäre bezeichnen wir als Superego. Er verwaltet unsere Konditionierungen, Gewohnheiten und Ängste.

Wann immer wir Energie in die rechte Seite holen und in Form von Handlung oder Denken verbrauchen, fließen die „Abgase" dieses Verbrauchsprozesses in unser Ego. Wir handeln nicht nur, wir erkennen uns auch als den Handelnden, das heißt, wir identifizieren uns mit dem Körper, unseren Gedanken und Plänen sowie unseren Handlungen in der Vergangenheit. Und wir fühlen uns gut, etwas Großes geschafft zu haben. Wann immer das Ego sich aufbläht, erzeugt es ein euphorisches Gefühl.

Analysieren und Handeln stärken das Ego. Im Ego liegt die Gewissheit, es zu schaffen und richtig zu machen. Wenn man sehr viel Energie über die rechte Seite zieht, kann es zu einer starken Vergrößerung des Egos kommen. Dabei entsteht eine besondere Art der Illusion, welche uns glauben macht, wir hätten alles im Griff, könnten alles kontrollieren. Das Wissen und die Macht, die das Ego uns vorgaukelt, verführen dazu, andere zu dominieren. Im Extrem führt uns das in unterschiedliche

Arten von Fanatismus. Dann wissen wir nicht nur, was für uns das Beste ist, sondern auch, was für alle anderen das Beste wäre. Noch einen Schritt weiter und man fühlt sich im Recht, ja sogar in der heiligen Pflicht, die anderen zu ihrem Wohl zu zwingen.

Man wundert sich manchmal, wie es möglich sein kann, dass Religionen in einen vollkommen ihrer Lehre widersprechenden Irrsinn abgleiten. Die Ursache liegt in der rechten Seite und im Ego. Wenn man zu viel analysiert, wenn man es rationalisieren und ganz genau wissen will, wenn man Regeln für andere aufstellen will, dann endet man unweigerlich im Ego. Jede Form des Fanatismus entspringt dem Ego. Es ist ein systemimmanentes Problem des Menschen. Es liegt sozusagen in seinem Design.

Von außen betrachtet, verhält sich ein egoistischer Mensch wie ein Idiot. Man kann leicht erkennen, dass er sich schadet. Nur er selbst sieht es nicht.

Die meisten von uns kennen das Gefühl der Peinlichkeit, wenn einem die eigene Idiotie plötzlich bewusst wird. Aber nicht jeder zieht daraus die gleichen Schlüsse. Menschen mit sehr starker rechter Seite versuchen dann trotz aller Peinlichkeit, auf ihren Argumenten oder ihrem Fehlverhalten zu beharren und suchen nach guten Argumenten, es zu untermauern. Das Ego wird dadurch stärker und die nächste Wand, gegen die uns die Realität laufen lassen wird, wird unweigerlich dicker sein. Wer aber erkennt, dass er Fehler macht, kann sich verbessern und rückt damit mehr ins Zentrum, statt sich tiefer in die rechte Seite zu verstricken.

Die linke Seite ist emotionaler Natur und deshalb schwieriger zu beschreiben. Sie speichert unsere Gewohnheiten und Ängste. Während wir mit dem Ego gerne dominieren, liebt das Superego die Unterwerfung.

Stellen wir uns vor, wir hätten Angst im Dunkeln. Dann hätten wir nachts nicht das Gefühl, im Haus eingesperrt zu sein, sondern wären glücklich, uns in den Schutz des Hauses zurückziehen zu können. Wenn wir plötzlich doch raus müssten, wäre das sehr unangenehm. Wir hätten Angst und würden uns unwohl fühlen, auch wenn keinerlei Gefahr drohte.

Das Superego speichert die Konditionierungen, die mit Erfahrungen aus der Vergangenheit korrelieren. Es funktioniert ähnlich einem Computer, auf dessen Festplatte man Daten abspeichert. Das beginnt sehr früh. Schon als Kleinkind werden wir von den Reaktionen unserer Umwelt konditioniert – ja schon im Bauch der Mutter. Es können sogar die Erfahrungen anderer oder völlig fiktive Erfahrungen sein, deren Gefühle man aus Büchern oder dem Fernsehen übernimmt, die dazu führen, dass man sich ohne jeden Grund ängstigt. Man kopiert dabei praktisch Teile einer fremden Festplatte auf das eigene Laufwerk.

Die Unterwerfung unter das Superego ist so vollkommen, dass wir sie als Teil unserer Freiheit betrachten. Haben wir uns einmal daran gewöhnt, auf einem Stuhl zu sitzen, werden wir nicht das Gefühl haben, dass uns der Stuhl versklavt hat, auch wenn wir nicht mehr ohne ihn auskommen. Wir fühlen uns wohl mit dem Stuhl und unserer Unterwerfung unter die Bequemlichkeit.

Auch Drogenabhängigkeit oder Gewohnheiten wie Kaffee und Tee trinken werden im Superego organisiert. Das Superego erzeugt ein befriedigendes Gefühl, wenn wir unserer Gewohnheit frönen. Müssen wir aber plötzlich auf dem Boden sitzen, verhalten sich andere nicht so, wie wir es erwartet haben, oder birgt gar die Zukunft Veränderungen, dann mögen wir das nicht. Das Superego verabscheut Veränderung. Es hat die Tendenz, uns in einen unveränderbaren, eingefrorenen, sinnentleerten Zustand vollkommener Unterwerfung zu binden.

Konditionierungen sind nicht per se schlecht. Wenn man gewohnt ist, sich morgens die Zähne zu putzen, und es als unangenehm empfindet, mit ungeputzten Zähnen aus dem Haus zu gehen, dann ist das sicherlich eine gute Gewohnheit, auch wenn es eine Konditionierung ist. Der Großteil unseres Sozialverhaltens basiert auf Konditionierung. Die Erwartungen, die wir an andere stellen, ebenso wie unser eigener Umgang mit anderen.

Auf den rechten und linken Energiekanal können wir aktiv zugreifen, das heißt, wir können rechts aktiv handeln oder in die Zukunft planen. Wir können unsere Aufmerksamkeit aber auch in die Vergangenheit bewegen und uns vorstellen, wie es früher einmal war und wie zu reagieren richtig ist. Wir können unseren Gewohnheiten und Gefühlen nachhängen.

Menschen, die sehr viel Energie über die rechte Seite ziehen, haben häufig ein großes Ego, sind eher zukunftsorientiert, enthusiastisch und neigen dazu, andere zu dominieren. Menschen die sehr viel Energie über die linke Seite verbrauchen, haben ein größeres Superego. Für sie war es früher meist besser, die Zukunft sieht eher düster aus. Sie neigen zu depressiveren Stimmungen und sehen kein Licht am Ende des Tunnels. Natürlich nutzt jeder Mensch beide Seiten. Jedoch haben die meisten Menschen eine stärkere Neigung zu einer der Seiten.

Da die Energiekanäle eine kühlende (links) bzw. erhitzende Wirkung (rechts) haben, hat das Wetter Einfluss auf unser Befinden. Düsteres, kaltes Wetter bringt uns weiter nach links, warmes Wetter nach rechts. Deshalb fordert ein kälteres Klima, dass wir innerlich weiter nach rechts rücken, während uns warmes Klima ein eher kühlendes, also linksseitiges Verhalten aufzwingt.

In kalten Gegenden muss man in die Zukunft planen. Schon allein, um im Winter nicht zu erfrieren. In den Tropen muss man das nicht. Da muss man eher entspannt sein, um nicht zu viel Hitze zu erzeugen. Man muss mittags ruhen. Das ganze Leben muss entspannter sein als in der Kälte. Man kennt das aus allen Gegenden der Welt. Die Gesellschaften Nordeuropas sind energetisch weiter rechts angesiedelt; sind eher rational, zukunftsorientiert, intellektuell ausgerichtet. Die Gesellschaften Südeuropas orientieren sich ganz natürlich weiter links, sind emotionaler, traditioneller – also etwas weiter in Richtung Vergangenheit orientiert. Das passt zum Klima und ist gut so. Es wäre doch schrecklich langweilig, wenn wir alle gleich wären.

In der Mitte befindet sich der zentrale Energiekanal, der Sushumna Nadi. Er entspricht dem autonomen Nervensystem des Parasympathikus. Er manifestiert unsere Gegenwart und endet nicht in einem Ballon im Kopf, sondern oben am Scheitel des Kopfes, an der Fontanelle, unserer Schnittstelle zum kollektiven Bewusstsein.

Wenn die Kundalini erweckt wird, dann steigt sie im zentralen Energiekanal auf und tritt an der Fontanelle aus dem Kopf aus. Sie ist als kühler Hauch zu spüren. Sie schafft eine Verbindung zwischen dem Individuum und dem Ganzen, zwischen Mensch und Gott, ähnlich einem Computer, der sich mit einem Server verbindet. Über diese Schnittstelle kann der Computer dann Informationen abrufen, die er nicht auf der eigenen Festplatte liegen hat oder für deren Berechnung ihm schlicht die Rechenleistung fehlt.

Unser Gehirn ist nicht in der Lage, Wahrheit als Programm zu installieren. So wie man auf einem alten 286er PC kein modernes Windows-Betriebssystem installieren kann. Das bedeutet nicht, dass moderne Windows-Betriebssysteme nicht existieren. Nur laufen sie nicht auf alten 16-Bit-Rechnern. Vernetzt man aber kleine Computer mit einem Großrechner, so kann man auf ihren Bildschirmen Informationen abrufen, die sie selbst niemals berechnen oder verwalten könnten. In der Informationstechnologie nennt man diese Systeme Client-Server-Systeme, bei denen sich meist kleine, leistungsschwache Rechner an zentrale, leistungsstarke Rechner oder Großrechner anbinden. Das ist keine menschliche Erfindung, sondern lediglich die Kopie eines bereits in der Natur existierenden Prinzips.

Der Aufstieg der Kundalini ins Sahasrara Chakra funktioniert ähnlich. Das Sahasrara Chakra verbindet uns über die Kundalini mit dem Ganzen und ermöglicht uns damit einen Blick ins Universum, den wir vor dieser Verbindung nicht kannten. Verstehen können wir das nicht. Dazu fehlt uns die Rechenleistung. Wir können es uns nur schematisch vorstellen, weil es für unser Gehirn einfach unmöglich ist, das Ganze abzubilden. So wenig wie wir uns ein Lichtjahr als Strecke vorstellen können. Trotzdem existiert das Lichtjahr als reale Entfernung, ja sogar Millionen Lichtjahre.

Auf den Energiekanälen liegen die sieben Chakren. Sie werden auch als Energiezentren oder psychosomatische Energiezentren bezeichnet. Sie korrelieren in etwa mit den großen Nervenplexus, sind aber nicht grobstofflich mit ihnen identisch. Die Chakren sind die Basis unserer Existenz und manifestieren unseren Körper, unsere Qualitäten und Fähigkeiten. Der Zustand unseres gesamten Seins reflektiert sich in unsere Chakren und ist wechselseitig mit ihnen verbunden.

Am unteren Ende des mittleren Energiekanals liegt das Kreuzbein. Es wurde bereits von den alten Griechen als „Heiliger Knochen" (hieron osteron) bezeichnet. Später fand dieser Name als „Os Sacrum" Eingang in die Medizin.

Im Os Sacrum ruht die Kundalini. Sie ist die individuelle, spirituelle Mutter eines jeden Menschen. Das Os Sacrum ist der Behälter des Heiligen Geistes, der Heilige Gral. Wer ihn findet, trinkt das Wasser des Lebens. Im makrokosmischen Planetensystem entspricht die Kundalini der Mutter Erde. Wir erinnern uns:

Die Erde hat einen Anbeginn
Er sei der Erde Mutter genannt
Wer einmal seine Mutter fand
Hat sich als ihren Sohn erkannt
Wer einmal sich als Sohn erkannt
Wird treuer noch die Mutter wahren
Sinkt hin sein Leib, ist er ohne Gefahren

Kundalini – Die Energie des Tao

Wahrnehmung über die Sinnesorgane bedarf immer einer Energie beziehungsweise eines Transportmediums. Wenn unsere Augen sehen, dann nur, weil Licht in sie dringt. Wir benötigen Luft, die als Transportmedium Schall in unsere Ohren oder chemische Substanzen als Gerüche in unsere Nase trägt. Gäbe es kein Licht, wir wüssten nicht einmal, dass wir blind wären. Und könnte nur einer unter einer Milliarde Menschen sehen, dann würde man ihn entweder verehren oder ermorden. Allein, mehr sehen würde man nicht.

In uns gibt es ein kompliziertes System aus Energiekanälen und Energiezentren, das wir heute nicht wahrnehmen können. Denn wir kennen keine Energie – also kein Transportmedium – das Informationen über dieses System in unser Bewusstsein brächte.

In Indien wird seit Jahrhunderten von einer Energie berichtet, die genau das kann: Kundalini. Das Wasser des Lebens. Der Heilige Geist. Die Kraft Gottes. Nur wo findet man sie? Wo steht er, der Heilige Gral, der das Wasser des Lebens enthält? Wer hat das Wissen und die Macht, die Kraft Gottes in einem Menschen zu erwecken?

Die Kundalini ruht im Kreuzbein, dem heiligen Knochen. Sie ist die Reflexion der göttlichen Kraft im Menschen. Sie schläft. Nach der Erweckung der Kundalini steigt diese Energie vom Kreuzbein nach oben und strömt an der Fontanelle aus dem Kopf. Dabei bringt sie die Informationen über das subtile Energiesystem ins limbische System unseres Gehirns, so wie Licht Information zu unseren Augen trägt. Unser Gehirn ist schon dafür bereit. So wie die Augen ohne Probleme Informationen von Licht verarbeiten können, kann unser Gehirn die Informationen der Kundalini sofort verarbeiten. Man muss das nicht lernen. Es funktioniert spontan in unserem Nervensystem. Man spürt die Kundalini wie einen leichten Windhauch.

Die Kundalini-Energie zu erwecken ist das große Mysterium. Die wenigsten haben je davon gehört, dass diese Energie existiert. Das Wissen wurde über Jahrtausende geheim gehalten. Einzelne Meister, die in der Lage waren, diese Energie zu nutzen, hatten das Geheimnis bewahrt, nur ausgewählte Schüler gelehrt und später in unverständlichen Büchern niedergeschrieben. Erst im 12. Jahrhundert hat der Heilige Gyaneshwara in Indien in einem Kommentar zur Bhagavat Gita namens „Gyaneshwari" das Wissen über die Chakren und die Kundalini offenbart. Die Gyaneshwari war in Marathi verfasst, seiner Landessprache, und eben nicht in Sanskrit, was mit der Übersetzung der Bibel aus dem Lateinischen ins Deutsche vergleichbar wäre.

In diesem Werk beschreibt er das Gefühl der Kühle, das durch die Kundalini erzeugt wird. Die Kundalini manifestiert sich als kühler Hauch. Man kann sie im Körper, auf den Händen und über dem

Kopf spüren. Man findet die Beschreibungen des kühlen Hauchs aber auch in den „Jesus Sutras" von Martin Palmer, der sich mit dem frühen Christentum in China auseinandersetzt, wo der Heilige Geist bisweilen mit einem kühlen Wind gleichgesetzt wurde.

Wer das „BIG Interview" des Rock-Musikers Neil Young mit dem Fernsehsender axs-TV von 2016 kennt, dem ist vielleicht die Stelle aufgefallen, in der Neil Young den Moment beschreibt, in dem sich beim Gitarrespielen alles auflöst und er nur noch einen kühlen Wind wahrnimmt, der alles durchdringt und in dem er sich aufzulösen scheint. Man sieht in dem Interview, dass der Musiker den spirituellen Hintergrund nicht kennt, ihm die Wahrnehmung aber bekannt und teuer ist. Offenbar hat er Zugang zu dieser Dimension, wenn er beim Musizieren in die Gegenwart kommt.

Die Erweckung dieser Energie ist also nicht zwingend an die Praxis von Yoga gebunden. Keineswegs. Sie ist das Ergebnis einer echten, tiefen Suche nach Wahrheit und findet sich sowohl bei religiösen Suchern wie Gnostikern oder Sufis als auch bei Naturvölkern wie den San, die diese Energie als „Num" kennen. Aber auch bei all jenen Wahrheitssuchern dieser Welt, bei denen diese Energie bewusst oder unbewusst spontan erweckt wurde. Sahaja Yoga besitzt keine Exklusivität über die Kundalini. Es ist lediglich eine sehr wirkungsvolle und einfache Variante, diese Energie zu erwecken, die Funktionsweise der Chakren zu verstehen und den Umgang mit dem subtilen Energiekörper zu erlernen.

Heute ist die Erweckung der Kundalini ein Kinderspiel. Die Entwicklung dieser Methode zur Kundalini-Erweckung en-masse ist das Lebenswerk von Shri Mataji Nirmala Devi. Sie macht es uns allen möglich, den Aufstieg dieser Energie einfach und spontan zu erleben. Wird sie erweckt, dann reflektiert sie die Informationen aus unserem subtilen Energiekörper in unser Bewusstsein. So wie das Licht die Information über Gegenstände in unsere Augen reflektiert, bringt die Kundalini Informationen über unseren subtilen Energiekörper in das limbische System unseres Gehirns und ermöglicht es uns, den subtilen Energiekörper, also die Chakren, auf unserem zentralen Nervensystem wahrzunehmen. Wo vorher vollkommene Dunkelheit herrschte, wo niemand eine qualifizierte Aussage treffen konnte, wo nicht einmal ein gemeinsames Verständnis für die Existenz eines solchen Systems vorhanden war, ist plötzlich Licht.

Die Erweckung der Kundalini ist deshalb als Meilenstein in der Evolution der Menschheit zu betrachten. Es geschieht spontan, wie alle Evolution. Sie reflektiert den weiblichen Anteil des Göttlichen im Menschen, seine Liebe und Barmherzigkeit, seine Kraft.

Die Kundalini hat eine weitere wichtige Fähigkeit. Sie ist nicht nur Trägerelement für Bewusstsein. Sie manifestiert Reinheit und reinigt die Chakren. Sie trägt das Element Feuer in sich und hat die Fähigkeit, Licht ins Dunkel zu bringen. Ist die Kundalini aktiv, so spürt man bisweilen einen sehr warmen Hauch über dem Kopf, wenn nämlich die Kundalini Hindernisse im subtilen Energiesystem beseitigt. Nach einiger Zeit, wenn die Arbeit getan ist, wird es dann kühl über dem Kopf. Spürt man die Chakren bereits im Körper, so kann man die Entspannung der betroffenen Chakren oder Körperbereiche wahrnehmen.

Das innere Selbst – Atman

In unserem Herzen wohnt unser Selbst. In Indien bezeichnet man es als „Atman". Atman reflektiert den männlichen Anteil des Göttlichen im Menschen. Es ist Zeuge unseres Handelns und berät uns durch Intuition. Manche Menschen haben, wenn Gefahr droht, eine sehr starke Intuition.

Ich saß auf einem Flug nach Indien einmal neben einer UN-Mitarbeiterin aus Beirut, die sich im Laufe des Libanesischen Bürgerkriegs (1975 - 1990) mehrfach in Häusern aufhielt, die von Bomben getroffen wurden. Kurz vor dem Einschlag hatte sie stets das zwingende Gefühl, sie müsse jetzt sofort das Haus verlassen. Das rettete ihr stets das Leben. Seither hatte sie keine Furcht mehr vor den Angriffen, weil sie der Überzeugung war, sie sei durch ihre Intuition beschützt.

Man kennt dieses Phänomen auch aus der Tierwelt. Beim großen Tsunami 2004 wurde beobachtet, dass die Ratten bereits flohen, bevor das Wasser kam. Das Atman kommuniziert beständig. Nur hören wir selten zu. Es ist wie ein Radiosender, auf den man seine Antenne ausrichten muss.

Vielleicht ist es Ihnen auch schon einmal passiert, dass Ihnen beim Einkaufen Ihre Intuition mitgeteilt hat, wo Sie etwas bekommen oder Ware ausverkauft ist. Obwohl uns die innere Stimme bereits vorher mitteilt, dass es keinen Sinn macht, in dieses Geschäft zu gehen, lassen wir uns nicht helfen, sondern prüfen selbst, ob die Ware tatsächlich vergriffen ist. Und natürlich ist sie weg. Dann wird uns klar, dass wir bereits vorher eine Ahnung hatten, unser Ego aber stärker war als unsere Intuition. Folgen wir stattdessen unserer Intuition, sind wir im Fluss und haben einen guten Tag, ohne genau sagen zu können, wieso. Es fließt einfach.

Das Selbst im Herzen scheint mehr zu wissen als unser Kopf. Unsere Gedanken erschaffen wir selbst. Im Kopf redet also unsere eigene Schöpfung, unser Ego und Superego. Solange es uns nicht gelingt, die Gedanken abzustellen, können wir die göttliche Schöpfung nicht wahrnehmen, ist unser Zugang zur Realität beschränkt. Stattdessen leben wir in unseren Vorstellungen und Ängsten.

Das Atman ist Stille. Es ist nicht laut, sondern die weise Stille im Hintergrund des Lärms. So wie ein Gemälde auf einer Leinwand von der darunterliegenden Leinwand ablenkt und uns vergessen macht, dass sie weiß ist, so verhindert das Geschwätz unserer Gedanken, dass wir die Stille jenseits der Gedanken wahrnehmen. Diese Stille ist allgegenwärtig. Sie ist die Leinwand hinter dem Lärm. Versuchen Sie in Ihrer Meditation, diese Stille in sich zu finden und meditieren Sie darauf.

Das Atman – unser wahres Selbst – in unser Bewusstsein zu bringen und zu verwirklichen nennt man Selbstverwirklichung, die Befreiung zu Lebzeiten. Der Befreite ist kein hirnloser Träumer, sondern ein vernünftiger, liebender Mensch, der mit beiden Beinen auf der Erde steht. Er hat die hausgemachten Illusionen von Ego und Superego hinter sich gelassen und lebt in der Allgegenwart des Göttlichen. Auf Sanskrit bezeichnet man diese Menschen als Zweimalgeborene. Einmal in die Illusion und dann in die Realität. Auch ein Vogel heißt auf Sanskrit „zweimal geboren". Er wird einmal als Ei und dann als Vogel geboren.

Das Bild des Vogels als Symbol für die zweite Geburt ist in vielen Traditionen zu finden. Von Konfuzius heißt es, er habe seine Tochter an einen Mann verheiratet, der die Sprache der Vögel sprach. Vermutlich hat der nicht gezwitschert, sondern war erleuchtet.

An Ostern, dem Fest der Auferstehung, schenken wir Eier als Erinnerung an die zweite Geburt. Der Heilige Geist hat als Symbol die Taube. Er schenkt uns die zweite Geburt. Im Christentum nennt man das Taufe. Die Taufe ermöglicht es uns, ins Königreich Gottes einzutreten.

Dieses Reich liegt – wenn man dem Johannes-Evangelium der Bibel glauben mag – in jedem von uns. Es liegt im limbischen System unseres Gehirns, wo sich Atman und seine Energie vereinen können und uns ermöglichen, die Ebene der Dualität zu transzendieren, die Einheit mit dem Ganzen zu verwirklichen.

Fassen wir kurz zusammen:

- Wir haben drei Energiekanäle.
- Der rechte Kanal – Pingala Nadi – manifestiert unseren physischen Körper und unsere mentalen Fähigkeiten.
- Der linke Kanal – Ida Nadi – manifestiert unseren emotionalen Körper und unsere Gefühle.
- Der zentrale Energiekanal – Sushumna Nadi – manifestiert unseren spirituellen Körper und unsere Gegenwart.
- Auf den Energiekanälen liegen sieben Chakren, die unser Wesen manifestieren.
- In unserem Herzen ruht das Atman. Atman ist unser wahres Selbst und Zeuge unseres

Handelns. Wir sind nicht der Körper, nicht die Gedanken oder Gefühle, sondern der reine Geist, das Atman.
- Die Kraft des Atmans ruht als Kundalini im Kreuzbein.
- Atman ist die Stille jenseits des Lärms.

Chakren – Psychosomatische Energiezentren

Die psychosomatischen Energiezentren in unserem Körper heißen Chakren. Die Chakren ähneln einer subtilen Blaupause unseres Daseins, unseres Körpers, unserer Emotionen sowie unseres Bewusstseins. Der Zustand des äußeren Bereichs unseres Daseins, also des Körpers und unserer Emotionen, spiegelt sich in den Chakren. Innen und außen bewirken sich gegenseitig. Man kann durch den Körper Einfluss auf die Chakren nehmen. Umgekehrt kann man durch Arbeit auf den Chakren seine Emotionen und seinen Körper beeinflussen. Selbst unser Charakter ist in den Chakren gespiegelt.

Die Chakren sind nicht mit den physischen Plexus identisch. Sie sind eine Art feinstoffliche Manifestation unseres Wesens, ähnlich einer Informationsquelle oder Datenbank, deren Abbild sich auf dem multidimensionalen Bildschirm der Realität manifestiert. In unserem Wesen steuern die Chakren auf diese Weise zum einen unseren physisch-mentalen Körper, aber auch unsere Emotionen und unsere Psyche.

Chakren reagieren schneller und exakter als der Körper. Sie ähneln einem inneren Organ, mit dem man intuitiv verbunden ist. Menschen mit guter Intuition spüren, was ihnen gut tut und was ihnen schadet. Sie nehmen wahr, ob sie auf dem richtigen Weg sind oder Gefahr droht.

Es gibt eine subtile Kommunikation zwischen unserem Energiekörper und unserem Gehirn. Kann man die Chakren nicht auf seinem zentralen Nervensystem wahrnehmen, so ist es häufig schwer, zwischen Intuition und Emotion beziehungsweise Konditionierung zu unterscheiden. Man beginnt zu analysieren. Im Zweifelsfall entscheidet man sich häufig für seine Gedanken, auch wenn die innere Stimme etwas anderes empfohlen hat. Im Nachhinein stellt man dann fest, dass man doch eigentlich schon vorher geahnt hatte, was passieren wird, sich aber falsch entschieden hat.

In ihrem mikrokosmischen Wesen entsprechen die Chakren den fünf Elementen Erde, Wasser, Luft, Feuer und Äther. Der Makrokosmos ist so im Menschen gespiegelt. Der Mensch ist über die Chakren direkt mit den Elementen verbunden.

Die folgende Abbildung zeigt eine Übersicht der wichtigsten Chakren. Man spricht von sieben Chakren, die entlang der Wirbelsäule aufgereiht sind.

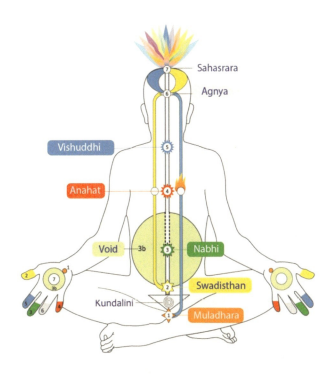

Nicht alle Chakren sind hier zu sehen. In der Regel hat jedes Chakra auf dem zentralen Energiekanal entsprechende Chakren auf der linken und rechten Seite. Sie sind hier nur beim Herz eingezeichnet. Darüber hinaus gibt es zahlreiche weitere Chakren im subtilen Energiekörper. Für ein gutes Grundverständnis reichen die sieben dargestellten Chakren aber aus.

Betrachten wir die Chakren von unten nach oben.

Das Muladhara Chakra

Das erste Chakra – also das unterste – liegt am Plexus pelvicus. Es steuert Teile unserer Verdauung, unsere Ausscheidung und Fortpflanzung. Man nennt es Muladhara Chakra oder Wurzelchakra. Es liegt unterhalb der Kundalini am Beginn des linken, also des emotionalen Energiekanals am Beckenboden.

Das Wurzelchakra regelt die Funktionen von Dickdarm und Sexualorganen. Neben seinen physischen Funktionen ist es das Chakra der Weisheit und Unschuld. In Kindern ist dieses Chakra besonders stark. Erde ist das zugehörige Element. Erde wirkt besonders positiv auf dieses Chakra ein, verleiht ihm Balance und kann bei Problemen zur Heilung betragen. Barfuß laufen, im Gras sitzen, im Garten arbeiten – all das hat eine ausgleichende Wirkung auf das Muladhara Chakra. Man spürt das Muladhara Chakra an der Handwurzel.

Manch einer mag sich fragen, wieso man Weisheit nicht erlernen kann. Der emotionale Energiekanal ist eben nicht rational. Weisheit ist ein Zustand emotionaler Reinheit und keine intellektuelle Leistung. Die Nähe zur Mutter Erde hilft, Weisheit zu entwickeln. Natürlich sind weitere Chakren involviert, wenn es um Weisheit geht, insbesondere Agnya und Hamsa. Aber die Basis ist das Muladhara Chakra.

Der zweite sehr wichtige Aspekt dieses Chakras ist Unschuld. Unschuld ist auf allen Ebenen von essentieller Bedeutung für unseren Charakter und wird leider häufig unterschätzt. Es ist eine Art Absichtslosigkeit, ein Handeln ohne Hintergedanken, das allein in der Lage ist, unserem Charakter Tugend zu verleihen.

Betrachten wir uns als Beispiel das dritte Chakra, das Nabhi. Großzügig zu sein, gilt auf der Ebene des Nabhi Chakras als Tugend und hat einen positiven Einfluss auf dieses Chakra. Die meisten Menschen erfahren beim Geben von Geschenken das Gefühl innerer Zufriedenheit. Ein Werbegeschenk oder ein Bestechungsgeld würde man indes nicht als Zeichen tugendhaften, großzügigen Verhaltens deuten. Fehlt dem Geschenk die Unschuld, dann ist es nämlich kein Geschenk mehr. Obwohl im Äußeren der gleiche Prozess stattfindet – Materie wechselt den Besitzer – ist die innere Wirkung eine andere.

Die Freude, die man verspürt, wenn man jemandem etwas schenkt, ist die Reaktion des Nabhi Chakras auf unser Handeln. Die Reaktion des Nabhis beschränkt sich aber nicht auf die reine Handlung, sondern geht tiefer und reagiert auch auf die Absicht. Es reagiert auf die gleiche Handlung, nämlich die Übergabe eines Geschenkes, unterschiedlich, je nachdem, ob die Handlung in Unschuld erfolgt oder nicht. Bestechung belastet das Chakra, anstatt es zu unterstützen, und erzeugt so Unzufriedenheit. Ist man in der Lage, die Chakren wahrzunehmen, so spürt man, wie das eigene Handeln und die eigenen Absichten auf die Chakren wirken. Über die Chakren spürt man nicht nur die eigenen Absichten. Man kann ebenso die Absichten anderer wahrnehmen.

Eine falsche Absicht hinter dem gleichen Handeln kann Tugend in Untugend verwandeln. Tugend spiegelt Wohlbefinden in unsere Chakren. Wenn sich das Gegenüber freut, wird dieser Effekt noch verstärkt. Das eigene Wohlbefinden wird also durch Tugend verbessert. Tugend kann deshalb als Win-win-Strategie bezeichnet werden.

Auch sexuelle Unschuld und Keuschheit sind Qualitäten des Muladhara Chakras. In praktisch jeder ernst zu nehmenden Religion oder spirituellen Schule wird Unschuld deshalb ein hoher Stellenwert beigemessen. Sie ist für jeden Menschen, unabhängig von Alter und Geschlecht von Bedeutung. Bleiben wir beim Konzept der Win-win-Strategie, ist das leicht nachvollziehbar. Hat ein Mann beispielsweise Sex mit seiner Ehefrau und sie wird schwanger, dann freut sich der Mann, es freut sich die Frau, die Eltern der Frau freuen sich, die des Mannes ebenfalls, die Nachbarn, Freunde – einfach alle, die man trifft, beglückwünschen das Paar. Hat er hingegen Sex mit der Nachbarin und sie wird schwanger, dann ist sie unglücklich, der Nachbar ist unglücklich, die Eltern sind unglücklich, einfach alle. Vielleicht geht daran sogar die Ehe zu Grunde. Hier lässt sich sicher nicht von einer Win-win-Situation sprechen. Das ist nicht einfach gesellschaftliche Konvention, sondern eine Reaktion der Realität.

Die Chakren reagieren in einer Art und Weise, dass bei Beachtung ihrer Regeln Win-win-Situationen entstehen. Tugend existiert nur, solange sie in Unschuld gelebt wird. Unschuld ist deshalb die Basis allen Dharmas. Sie reflektiert in alle Chakren und hat großen Einfluss auf die Gesundheit des Menschen.

Zu guter Letzt beschützt das Muladhara Chakra die Kundalini-Energie und liefert die Energie für ihren Aufstieg. Es ist die Basis unserer spirituellen Befreiung. Probleme in diesem Chakra sind deshalb so schwerwiegend, weil sie die Kundalini schwächen. Diese heilende Kraft, die alle Chakren in Balance bringt, funktioniert dann nur eingeschränkt.

Das Swadisthan Chakra

Das zweite Chakra liegt am Plexus aorticus. Es steuert die in diesem Körperbereich angesiedelten inneren Organe, darunter Funktionen der Leber und der Bauchspeicheldrüse. Es liefert aber auch Energie zum Denken und Arbeiten, weshalb es unerheblich ist, ob man körperlich oder mental arbeitet. Nach getaner Arbeit benötigt man in beiden Fällen Ruhe. Es manifestiert unsere Kreativität. Sein Sanskritname ist Swadisthan Chakra. Wir spüren es in den Daumen.

Die Elemente dieses Chakras sind Wasser und Erde. Es bewegt sich um das dritte Chakra und erzeugt dabei das Void, den Ozean der Illusion in uns. Auf der Abbildung ist das Void als großer hellgrüner Kreis dargestellt, in dessen Mitte das Nabhi Chakra liegt. Das Swadisthan ist das zweite Chakra von unten. Spürt man es im Körper, dann immer unterhalb des Gürtels in der Leistengegend links oder rechts. Auf dem Weg nach oben steigt die Kundalini allerdings zuerst ins Nabhi Chakra auf und fließt von dort ins Swadisthan.

Das Swadisthan Chakra liefert die Energie zum Denken. Wenn man zu viel denkt und analysiert oder extrem viel studiert, dann kann es sein, dass die Energie dieses Chakras nicht mehr ausreicht, um die Arbeiten für die inneren Organe zu erledigen. Exzessive mentale Aktivität kann deshalb zu organischen Störungen führen. Diabetes hat ihre Ursache in der Überlastung des Swadisthan Chakras. Ich habe häufiger Menschen getroffen, die während ihres Studiums Diabetes entwickelt haben. Besonders, wenn sie zu dem Zeitpunkt bereits Familie hatten und nebenher zusätzlich arbeiten mussten.

Auf der rechten Seite ist das Swadisthan das Chakra der Kreativität und der Künste. Ruhige Musik hat einen entspannenden Einfluss auf dieses Chakra.

Auf der linken Seite erzeugt es reines Wissen. Dieses Wissen ist nicht menschengemacht, sondern das Verständnis universeller, spiritueller Wahrheit.

Es steht in enger Verbindung mit der Weisheit des ersten Chakras.

Falsches spirituelles Wissen schädigt dieses Chakra. Man spürt es auf dem linken Daumen. Wenn der heiß wird oder sticht, sollte man sich vorsehen. Das ist ein sicheres Zeichen dafür, dass Gefahr im Verzug ist. Die Gefahr, etwas zu glauben, das unwahr ist oder uns gar spirituell ins Dunkel führen kann. Feuer ist das Element, mit dem man Probleme im linken Swadisthan behandelt.

Das Nabhi Chakra

Der Solar Plexus liegt beim dritten Energiezentrum, dem Nabhi oder Manipur Chakra. Es steuert Teile der inneren Organe und der Verdauung, darunter Magen, Leber, Dünndarm und Milz. Es manifestiert unsere Evolution und unsere Suche. Zuerst nach Nahrung und Materie, später nach Sicherheit, dann nach individueller Entwicklung und dem Sinn des Lebens. Ein hungriger Mensch sucht zuerst einmal etwas zu essen. Ist er satt, beginnt eine neue Suche nach Schutz, Familie, Anerkennung, Wohlstand. Doch kein Besitz kann diese Suche zum Stillstand bringen. Schließlich sucht er nach der Einheit mit dem Ganzen, nach Selbstverwirklichung. Diese Suche ist Teil unserer Evolution, Teil unserer Seele.

Das Nabhi Chakra ist wichtig für die Balance im Leben. Das zugehörige Element ist Wasser. Es gilt als Quelle des Lebens und Basis des Dharmas, also der Möglichkeit, sich in Harmonie mit dem Ganzen zu verhalten. Wir spüren das Nabhi in den Mittelfingern.

Das Nabhi Chakra hat drei wichtige Aspekte. Im Zentrum ist es Dharma und Evolution. Die Entwicklung des menschlichen Bewusstseins ist Teil einer sich erweiternden Wahrnehmung des Ganzen und wird durch dieses Chakra gesteuert.

Auf der rechten Seite ist es das Energiezentrum der äußeren Fürsorge. Es wird durch die Königin symbolisiert, die sich um ihre Untertanen kümmert. Um das rechte Nabhi Chakra zufrieden zu stellen, müssen wir darauf achten, Menschen, die von uns abhängig sind, gut zu behandeln – sich um ihr äußeres Wohlergehen zu sorgen. Mangel im Materiellen führt zu Problemen mit diesem Chakra. Da das Chakra die Leber versorgt, erzeugt dieser Mangel Stress und Ärger. Finanzielle Sorgen erzeugen große Spannung im rechten Energiekanal. Wer sich für seine Tätigkeit als unterbezahlt empfindet, ist anfälliger für Burnouts und andere stressbedingte Krankheiten.

Das linke Nabhi Chakra steht für emotionale Fürsorge und erzeugt, wenn es gepflegt wird, ein Gefühl emotionaler Zufriedenheit. Es ist das Chakra der Hausfrau beziehungsweise der Göttin, die den Haushalt regiert.

Es verwundert manchmal, dass ausgerechnet Ökoparteien und Naturschützer in diesem Bereich wenig Sinn für die Natur des Menschen zeigen. Das

Prinzip der Hausfrau ist keine Erfindung des Menschen, sondern Teil seiner Natur. Es manifestiert sich in praktisch allen Gesellschaften dieser Welt ähnlich – außer in der Moderne. Hier versucht man diesen bruttosozialproduktfreien Beitrag zu unserer Gesellschaft zu beseitigen. Eine Hausfrau ist normalerweise nicht so sehr Sklave des wirtschaftlichen Kreislaufs. Sie verhindert Steuereinnahmen mehr, als dass sie sie erzeugt. Mit einer Hausfrau muss man weniger oft auswärts essen, benötigt weniger Reinigungspersonal, weniger Fahrdienste, weniger Nachhilfelehrer. Die ganze Leistung wird ohne Staatsbeteiligung erbracht, also ohne dass Steuern für den geldwerten Vorteil der Nutznießer anfallen. Das scheint vielen ein Dorn im Auge zu sein.

Das soll nicht bedeuten, dass eine Frau unbedingt Hausfrau sein muss. Ganz und gar nicht. Vielmehr ist es wichtig zu verstehen, dass ihre Arbeit unseren größten Respekt verdient und nicht als unwichtig oder minderwertig zu betrachten ist. Hausfrau ist einer der schwierigsten und aufoperndsten Berufe. Alljährlich werden ehrenamtlich Tätige ins Schloss Bellevue eingeladen und vom Bundespräsidenten geehrt. Hat man dort schon einmal eine Hausfrau und Mutter für ihre Arbeit geehrt?

Das linke Nabhi Chakra ist ein wichtiger Schlüssel für das Verständnis von Kindern. Wenn es einem Menschen nicht gelingt, emotionale Zufriedenheit und Freude aus diesem Chakra zu erhalten, dann bleibt ihm nur noch die Wahl zwischen rechter Seite – also Aktion – oder Depression auf der linken Seite.

Erfährt ein Kind emotional keine Freude in diesem Chakra, weil das Chakra nicht richtig funktioniert, dann bleibt ihm nur die Freude des Egos, also der rechten Seite. Es wird praktisch gezwungen, überaktiv zu sein, um das Ego aufblähen zu können. Das vom aufgeblähten Ego erzeugte Glücksgefühl ersetzt dann die innere Zufriedenheit, die ein gepflegtes linkes Nabhi Chakra erzeugen würde. Die Ursache für ADHS liegt häufig im linken Nabhi Chakra. Solche Menschen fühlen sich nie zufrieden. Dieser Mangel treibt sie unentwegt in die rechte Seite.

Die weitverbreitete Vernachlässigung des Prinzips der Hausfrau ist mitursächlich für die unruhige Atmosphäre, die in vielen Familien herrscht. Das linke Nabhi sorgt dafür, dass man sich geliebt fühlt. Es ist bei Kindern eng an die Mutter und die Ernährung gebunden. Liebe geht bekanntlich durch den Magen.

Es ist eine große Kunst, die Menschen in seinem Umfeld glücklich zu machen. Wer als Kind diese Fürsorge erfährt, wird sein Leben lang davon profitieren.

Was man zum Nabhi noch wissen sollte ist die Tatsache, dass es aus sich heraus Nachhaltigkeit erzeugt. Verlässt man den Weg des Dharmas, so verliert man seine Nachhaltigkeit. Vermutlich ist das der Grund, warum das Griechische Reich oder das Römische Imperium untergehen mussten. Geht das Dharma verloren, dann ist die betroffene Zivilisation verloren; sie lebt in einem Zustand ähnlich der Lüge und wird dem Druck der Realität nicht standhalten können. Sie ist dem Untergang geweiht.

Schaut man sich in unseren modernen Gesellschaften um, dann schwant einem Böses. Der Untergang der westlichen Zivilisation hat längst begonnen.

Das Void

Das Void liegt zwischen Nabhi und Swadisthan Chakra. Es wird auch als „Ozean der Illusion" bezeichnet (Sanskrit: Bhava Sagara). Im Bild sieht man, dass der mittlere Energiekanal oberhalb des Nabhi Chakras gestrichelt ist. Das symbolisiert die Unterbrechung im Parasympathikus. Diese Unterbrechung des Parasympathikus entsteht beim Abnabeln des Säuglings. Der direkte Zugriff auf den Parasympathikus wird dabei unterbrochen und der Mensch kann aktiv lediglich auf den Sympathikus zugreifen. Die Balance wird dann autonom durch den Parasympathikus wiederhergestellt.

Das Void steht für die eigene Meisterschaft. Für die Fähigkeit, ein Leben in Balance zu führen, nicht in Extreme zu fallen. Die Aufgabe des Meisters ist also die Herstellung der Balance zwischen linker und rechter Seite. Ohne diese Balance ist ein spiritueller Aufstieg unmöglich. Der Meister zeigt in seiner Lehre immer auf das Nabhi Chakra, auf das Dharma. Er versucht, sein Umfeld zu einem Verhalten in Harmonie mit dem Ganzen zu unterrichten. Deshalb ähneln sich die grundlegenden Ansichten in den unterschiedlichsten Religionen. Der Meister ist das Boot, auf dem der Schüler den Ozean der Illusion überquert.

Im Void liegen 10 versteckte Chakren, die den 10 Inkarnationen des Urmeisters zugeordnet werden. Wasser spielt im Leben der Urmeister eine zentrale Rolle. Viele der Urmeister haben ihre Kontrolle über die Elemente mit Wasser manifestiert. Sei es mit einem Stock auf den Boden zu schlagen, um eine Quelle zu erschaffen oder um das Meer zu teilen – Wasser ist das wichtigste Element im Void.

Das Herz-Chakra (Anahata)

Das Herz-Chakra liegt beim kardialen Plexus. Es manifestiert Liebe (links), Sicherheit (Zentrum) und Rechtschaffenheit (rechts). Es wird auch Anahat Chakra genannt.

Das linke Herz-Chakra ist zusätzlich der Sitz des Atmans, unseres Selbst. Es ist in gewisser Weise das wichtigste Chakra, denn selbst wenn der Kopf versagt, kann man weiterleben, solange das Herz funktioniert. Versagt indes das Herz, ist man tot. Die Existenz des Atman im Körper ist die Voraussetzung für Leben. Die wichtigste Qualität des Atman ist Liebe. Man spürt das Herz-Chakra auf den kleinen Fingern.

Das Atman ist zudem die Quelle allen Bewusstseins, sozusagen das lebendige Licht Gottes im Menschen, welches es dem Menschen erst erlaubt, wahrzunehmen und zu erkennen.

Atman kann man sich nicht vorstellen. Es ist weder materieller Natur, noch kann es ordentlich beschrieben werden. In der Mathematik ist Atman die Null. Alle Dimensionen haben ihren Ursprung in diesem Nichts. Was immer man mit Null multipliziert, verschwindet unwiederbringlich aus unserer dualen Welt und wird für immer eins mit Null. Ohne das Null-Element gibt es keine Mathematik. Verstehen kann man Atman nicht. Vielleicht gelingt es aber, einige Funktionen des Atman zu beschreiben.

Betrachten wir die Welt von außen. Ein Stein hat kein Bewusstsein von sich selbst. Er nimmt sich nicht wahr. Auch eine Pflanze besitzt keine Wahrnehmung ihrer selbst. Sie mag auf Wärme und andere Einflüsse reagieren, aber das sind nicht die Reaktionen eines Individuums. Die meisten Pflanzen kann man in viele kleine Stücke hacken und daraus viele neue Pflanzen machen, eben weil sie keine Individuen sind.

Die Amöbe indes besitzt bereits eine Wahrnehmung als Individuum. Der Einzeller weiß um die eigene Existenz und versucht, sein Leben zu erhalten. Atman erzeugt folglich bereits im Einzeller ein Bewusstsein. Doch braucht dieses Licht einen Reflektor, um nicht ungesehen in der Dunkelheit des Nichts zu verschwinden. Nun ist es so, dass dieses Licht des Atman, welches das Bewusstsein erzeugt, im Einzeller keine Oberfläche findet, die so viele Facetten des Bewusstseins reflektieren könnte, wie es im Menschen der Fall ist. Die Kapazität von Atman ist grenzenloses, allumfassendes Bewusstsein. Je nachdem wie gut der Reflektor ist, wie weit eine Seele entwickelt ist, spiegelt ein Wesen mehr oder weniger Bewusstsein. Die Stufe der Evolution eines Wesens kann also mit seiner Fähigkeit zur Reflexion von Atman gleichgesetzt werden.

Auch der Mensch kann nicht alle möglichen Facetten dieses Lichts in sich spiegeln, wenngleich die Eigenwahrnehmung des Menschen – verglichen mit der einer Amöbe – deutlich ausgeprägter und vielseitiger ist. Atman ist Gott im Menschen, sein wahres Selbst. Es gibt kein Bewusstsein ohne Atman. Gott sieht die Welt durch Atman.

Je höher die evolutionäre Entwicklung eines Wesens, desto mehr Bewusstseinsanteile von Atman lassen sich darin reflektieren. Im vollkommen Erleuchteten spiegelt sich das Bewusstsein Gottes, weshalb Buddha letztlich die Existenz der individuellen Seele verneint. Dort gibt es nur noch ein großes Ganzes. Für den Erleuchteten ist die Welt eins, für den nicht Erleuchteten existiert hingegen alles in Dualität.

Das linke Herz-Chakra steht mit der Mutter in Verbindung. Die Liebe der Mutter zu ihrem Kind ist extrem wichtig. Ohne sie fällt es dem Kind schwer, sich selbst zu lieben. Die Liebe, die ein Kind empfängt, erzeugt Selbstwertgefühl. Das linke Herz-Chakra verschließt sich, wenn man sich selbst nicht verzeihen und lieben kann. Man glaubt dann, man sei es nicht wert, geliebt zu werden.

Zu wenig Aufmerksamkeit auf den Qualitäten des linken Herz-Chakras kann zu physischen Herzproblemen führen. Wer zu viel Energie über die rechte Seite verbraucht, wer zu viel arbeitet, ausschließlich mental urteilt und dem Herz wenig Raum lässt, läuft bekanntermaßen Gefahr, Herzleiden zu entwickeln. Die gesunde Balance zwischen Herz und Verstand – zwischen linker und rechter Seite – ist wichtig.

Das zentrale Herz-Chakra erzeugt Sicherheit und beschützt vor Krankheiten. Mut und Selbstvertrauen entspringen diesem Chakra. Es liegt auf der Höhe des Sternums (Brustbeins). Hier werden, in der Thymusdrüse, in der Kindheit die Antikörper gebildet, die uns vor Krankheiten schützen.

Das Selbstvertrauen eines Menschen ist in hohem Maße von diesem Chakra abhängig. Bekommt man große Angst, entsteht starker Druck auf dem Sternum. Man hat das Gefühl, ein Stein laste auf der

Brust. Dieser Druck entsteht im zentralen Herz-Chakra.

Psychisch ist das Chakra direkt mit der Mutter verbunden. Hat ein Kind Angst, so will es zu seiner Mutter. Dort fühlt es sich beschützt. Zu viel Kritik durch die Mutter schwächt dieses Chakra. Das Gefühl, beschützt zu werden, geht verloren. Werden Kinder zu viel kritisiert, verlieren sie ihre Selbstsicherheit, das zentrale Herz-Chakra wird geschwächt. Man entwickelt Angst im Dunkeln und andere, für den rationalen Verstand nicht nachvollziehbare, fiktive Ängste.

Über die rechte Seite manifestiert das Herz-Chakra unsere Lungen, Bronchien sowie die inneren Bereiche der Augen, Ohren und Nase. Das Chakra ist mit dem Vater verbunden und repräsentiert, beziehungsweise erzeugt, Rechtschaffenheit im Menschen. Es ist interessant zu sehen, dass der subtile Energiekörper tatsächlich mit den Eltern in Verbindung steht. Die Abwesenheit des väterlichen Prinzips oder die Erfahrung einer starken Ablehnung durch den Vater, aber auch die eigene Ablehnung des Vaters – sie führen zu Schwierigkeiten in diesem Chakra. Asthma ist eine durch das rechte Herz ausgelöste Krankheit. Alle Asthmatiker, die ich persönlich kennen gelernt habe, hatten Probleme mit dem Vater. Entweder, weil sie ihn früh verloren hatten oder weil es tatsächlich eine ausgeprägte Ablehnung zwischen ihnen gab. Man konnte stets eine klare Verbindung ihrer Krankheit zum gestörten Vaterprinzip erkennen.

Aber natürlich kann es auch andere Auslöser für Asthma geben, wie beispielsweise Luftverschmutzung. Luft ist das Element des Herz-Chakras.

Das Hals-Chakra (Vishuddhi)

Das Vishuddhi Chakra ist das universelle Chakra in uns. Unser Sinn für Gerechtigkeit, unser Wunsch nach Fairness entspringt diesem Chakra. Wenn wir uns um Menschen sorgen, die wir gar nicht kennen, weil sie hungern oder unterdrückt werden, dann ist das Vishuddhi Chakra am Werk. Seine Natur ist das Wohlergehen der ganzen Menschheit, das Individuum als Teil der Menschheitsfamilie.

Es ist das Chakra der Kommunikation mit der Welt und manifestiert unser Erscheinungsbild, vor allem im Bereich des Gesichts. Unsere Gesichtszüge – Augen, Nase, Ohren, Mund, Haare, Zähne – sowie das Erscheinungsbild unserer Haut, all das wird vom Vishuddhi gesteuert. Man spürt das Chakra auf den Zeigefingern.

Das Vishuddhi Chakra liegt beim Plexus cervicalis (Halsgeflecht). Es ist ein sehr komplexes Chakra und steuert viele unserer sozialen Verhaltensweisen, wie beispielsweise unsere Fähigkeit zur Diplomatie oder den Respekt für uns selbst und andere. Das Menschsein beginnt im Hals-Chakra.

Hier entspringen Ego und Superego und bilden unsere Persönlichkeit.

Das Hals-Chakra hat drei Aspekte, den linken, rechten und mittleren. Hinzu kommt ein kleiner Satellit an der Nasenwurzel, der Hamsa-Chakra genannt wird.

In der Mitte manifestiert das Chakra unsere Fähigkeit zur Kommunikation über Sprache, Mimik und Gesten. Seine Essenz ist das Wohlergehen aller, eine Gesellschaft in Harmonie mit Dharma.

Unsere Kommunikation mit der Welt – beziehungsweise unsere Reaktionen darauf – erschaffen unser Ego und Superego und damit unsere Individualität, die Trennung vom Ganzen. Nach der Erweckung der Kundalini ist es das Vishuddhi Chakra, das es uns ermöglicht, das Ganze wieder wahrzunehmen und unsere Eigenheiten zu transzendieren. Es gibt uns die Möglichkeit, das Leben als Schauspiel zu betrachten, und uns nicht zu sehr in die eigenen Probleme zu verstricken. Ist man zu sehr involviert, ist man automatisch ein Gefangener der eigenen Illusionen und kann nur schwer über den eigenen Schatten springen. Das Vishuddhi Chakra schenkt Gelassenheit und den nötigen Abstand, den man braucht, um Probleme lösen zu können.

Das rechte Hals-Chakra ist das Chakra der Diplomatie. Es sorgt dafür, dass wir uns anderen gegenüber respektvoll verhalten und sie nicht dominieren. Es gibt uns die Fähigkeit, Konflikte zu vermeiden und Lösungen zu finden, die von gemeinschaftlichem Nutzen sind. Es steht außerdem für ein freundliches und liebenswürdiges Verhalten; für Gemeinschaft statt Egozentrik. Es erwartet, dass man die Gemeinschaft unterstützt, statt zu spalten; dass man zum kollektiven Wohl beiträgt.

Eine unfreundliche, aggressive Art zu sprechen oder Fluchen belastet das rechte Hals-Chakra. Menschen, die man als kultiviert bezeichnen würde, pflegen eine nette und sehr anständige Art zu kommunizieren. Dazu gehören auch Gesten. Die Hände entspringen dem Vishuddhi Chakra. Die Geste einer Hand kann ebenso freundlich oder aggressiv sein wie ein Wort. Beides – Gesten und Worte – können das Chakra belasten oder fördern.

Das linke Vishuddhi Chakra manifestiert die reine Beziehung zwischen Bruder und Schwester. Das ist ein sehr wichtiger Aspekt, der dadurch zum Ausdruck kommt, dass die Frau in den meisten Kulturen als Kulturträger gilt. Beobachtet man Kinder, dann sieht man häufig, dass die Kritik der Schwester eine größere Wirkung auf den Bruder hat, als die Kritik der Mutter oder der Lehrer. Auch übernehmen häufig Mädchen die Aufgabe, für ein faires und anständiges Verhalten in der Gruppe zu sorgen.

Das Weibliche balanciert und schützt vor Extremen. Rechtsextreme Bewegungen erstarken häufig in Gebieten, aus denen Frauen verstärkt abwandern, oder wo junge Männer aufgrund wirtschaftlicher Schwierigkeiten wenig Perspektive zur Familiengründung haben. Diese Probleme existierten sowohl in der Wirtschaftskrise der Weimarer Republik als auch in Ostdeutschland nach der Wende.

Schuldgefühle belasten das linke Hals-Chakra. Es gibt zwei elementare Ursachen für Schuldgefühle. Zum einen entspringen Schuldgefühle der linken Seite, also unseren Konditionierungen. Praktisch alle gesellschaftlichen Normen, die wir als Kind beigebracht bekommen, werden als Konditionierungen gespeichert. Verhalten wir uns gegen diese Normen, entwickeln wir Schuldgefühle. Das geschieht auch dann, wenn diese Normen keinerlei Zusammenhang zum eigentlichen Dharma dieses Chakras haben. Wir bekommen die Schuldgefühle förmlich eingeredet. Wenn die Ursache für Schuldgefühle in der linken Seite liegt, ist Feuer das Mittel der Wahl, um das Chakra zu heilen.

Zum anderen entstehen Blockaden im linken Hals-Chakra in Verbindung mit unserem Ego. Das Ego drückt ins linke Hals-Chakra. Je größer das Ego ist, desto stärker wird der Druck. Häufig versucht man dann, diesen Druck durch noch größere Sturheit zu kompensieren und verschlimmert dadurch das Problem. Wenn Probleme im linken Hals-Chakra durch zu viel Ego – also rechte Seite – verursacht werden, sollte man vermeiden, mit Feuer auf dem Chakra zu arbeiten.

Will man sein linkes Hals-Chakra korrigieren, sollte man versuchen, Schuldgefühle zu vermeiden. Das bedeutet nicht, dass man die eigenen Fehler ignorieren darf. Man muss sie erkennen und beheben. Es ist aber sinnlos, sich schuldig zu fühlen. Das erschwert den Prozess der Heilung dieses Chakras und damit die Korrektur des eigenen Verhaltens. Vergeben Sie sich und machen Sie es beim nächsten Mal besser.

Für das linke Vishuddhi Chakra ist es außerdem von elementarer Wichtigkeit, dass wir das Bruder-Schwester-Prinzip respektieren. Dazu gehört ein Blick aufs andere Geschlecht, der nicht jeden – sei es bewusst oder unbewusst – als potentiellen Sexualpartner identifiziert. Nicht umsonst gibt es in allen größeren Kulturen das System der Ehe. Es ist nämlich einfach, unsere Mitmenschen in „den eigenen Ehepartner" und eben „alle anderen" zu unterteilen, die man dann als Brüder oder Schwestern betrachtet. Die Ehe wurde nicht erfunden, um den Menschen zu quälen, sondern um ihn zu befreien. Ehe ist kein intellektuelles Konzept. Sie ist die elementare Basis der Familie und praktisch allen Gesellschaften dieser Welt gemein. Der Versuch, die Ehe abzuschaffen, wäre nicht modern, sondern wider die Natur der menschlichen Gesellschaft.

Da das Vishuddhi Chakra unsere Mimik kontrolliert, ermöglicht es dem Menschen auch, sich zu verstellen und anders zu erscheinen, als er wirklich ist. Tiere haben diese Fähigkeit nicht. Sie sind gerade heraus, aber der Mensch kann sich verstellen. Nutzt man diese Fähigkeit zum Wohle der Menschheit, ist das Chakra zufrieden. Nutzt man sie aber für egoistische oder hinterhältige Zwecke, dann verschließt sich das Chakra.

Das Hamsa Chakra sitzt an der Nasenwurzel und gehört zum Vishuddhi Chakra. Es ist ein sehr wichtiges Chakra, denn es gibt uns ein klares Verständnis davon, was gut oder schlecht für uns ist. Die Informationen aus den Sinnesorganen laufen teilweise durch das Hamsa Chakra und werden dort bewertet. Es steht in enger Verbindung zur Weisheit des ersten Chakras. Wer diese beiden Chakren in Ordnung hält, wird automatisch die richtigen Entscheidungen auf seinem Lebensweg treffen.

Es ist das Vishuddhi Chakra, das uns die Fähigkeit gibt, den Fluss der Kundalini auf den Händen zu spüren. Es ermöglicht uns, die Chakren auf den Fingerspitzen zu fühlen und das Weltliche zu transzendieren. In Meditation wird man zum Beobachter des Göttlichen Spiels.

Das Agnya Chakra

Das sechste Chakra liegt in der Sehnervenkreuzung, im Chiasma opticum. Es wird Agnya Chakra genannt und kontrolliert unsere Augen, unser Ego und Superego. Das Agnya ist das am schwierigsten zu überwindende Chakra, weil sich dort alle drei

Energiekanäle kreuzen. Vergebung öffnet dieses Chakra. Es ist das Tor zum Königreich Gottes, dem siebten Chakra im limbischen System unseres Gehirns.

Wenn wir denken und planen, verschließt sich das Agnya Chakra ebenso, wie wenn wir in der Vergangenheit leben. Sein Reich ist die unmittelbare Gegenwart. Die Gegenwart – der Weg – ist das Ziel. Ein kindhafter Zustand. Jesus Christus ist der Herr und Meister dieses Chakras. Er ist der Janus, über den man in die Zukunft und in die Vergangenheit eintreten kann, der aber auch in die Gegenwart führt.

Will man das Agnya Chakra öffnen, muss man verzeihen. Es führt kein anderer Weg nach oben. Vergeben und um Vergebung bitten. Nur dann öffnet sich das Tor.

Das Agnya Chakra ist ein sehr mächtiges Chakra, weil hier die Übergabe an das Göttliche stattfindet. Man glaubt, dass einem Unrecht widerfahren sei, und ärgert sich. Abgesehen davon, dass Ärger erst mal uns selbst quält und nicht die Person, die uns geärgert hat, können wir uns auch irren. Wie oft haben wir uns geärgert und später festgestellt, dass ein Missverständnis vorlag oder unser Ärger nicht berechtigt war? Vergebung befreit in erster Linie uns selbst. Es befreit uns vom Zwang, reagieren zu müssen. Diese Reaktionen kommen entweder aus dem Ego und fließen in Richtung Vergeltung, oder sie kommen aus der linken Seite – aus dem Superego – und geben uns das Gefühl von Ohnmacht und Hilflosigkeit. In beiden Fällen sind wir die Verlierer.

Oberhalb des Agnya Chakras liegt im siebten Chakra am Haaransatz ein Bereich, den man als Virata Chakra bezeichnet. Wenn man reagiert, dann zwingt man seine Aufmerksamkeit ins Ego oder ins Superego. Wenn man verzeiht, übergibt man die Entscheidung an das Virata Chakra, was gleichbedeutend ist mit der Übergabe an Gott. Und Er entscheidet dann, was zu tun ist und welchen Lauf die Realität nehmen wird. Diese Übergabe bleibt nicht folgenlos, aber die Verantwortung für diese Folgen liegt außerhalb unseres Karmas. Unser Handeln als unablässige Quelle neuen Karmas versiegt.

Das Element des Agnya Chakras ist das Licht.

Das Kronenchakra (Sahasrara)

Das Kronenchakra – der tausendblättrige Lotus – liegt im limbischen System unseres Gehirns. Es wird Sahasrara Chakra genannt. Das Sahasrara integriert die Steuerungszentren aller Chakren zu einer großen Einheit, die in der Lage ist, das komplette subtile System zu kontrollieren und zu regeln. Es manifestiert zudem die Schnittstelle ins kollektive Bewusstsein und übernimmt die Kommunikation mit dem Ganzen. In der Mythologie ist es das Königreich Gottes, der siebte Himmel des Islam.

Wenn die Kundalini ins Sahasrara Chakra aufsteigt, erleuchtet sie den Geist, der wiederum in unser Bewusstsein kommuniziert. Die Wahrnehmung verändert sich. Man beginnt, die Chakren auf den Fingern und im Körper wahrzunehmen.

Wenn das Chakra sehr stark ist, hat man eine direkte Wahrnehmung von absoluter Wahrheit. Man sieht und weiß. Man muss nicht erst darüber nachdenken. Das Atman reflektiert Wahrheit unmittelbar im eigenen Bewusstsein. Man hat das Selbst verwirklicht.

Selbstverwirklichung

Nun sind wir in diesem Buch schon etwas weiter fortgeschritten und es drängt sich die Frage auf, wozu das alles gut sein soll.

Betrachtet man den Menschen als Wesen aus Körper, Seele und Geist (Atman), so ist die Seele das veränderbare Individuum, das lernen und sich entwickeln kann. Sie ist in ihrer Natur unbewusst und illusionär, während der Geist das Bewusstsein schenkt und real ist. Der Geist – Atman – reflektiert Gott im Menschen und ist sein wahres Selbst. Nur im Körper erlangt die Seele Bewusstsein, weil sie nur dort mit dem Atman verbunden ist. Doch anstatt sich mit dem Geist zu identifizieren, glauben wir – aufgrund des Egos und Superegos – der Körper zu sein, und identifizieren uns mit unseren Problemen und Wünschen.

Der Geist – das Atman – wohnt im Herzen eines jeden Menschen. Und unser Herz kommuniziert mit dem Gehirn. Es versucht, uns durch Intuition zu leiten. Intuition ist nicht leicht zu erkennen, und da sie rational nicht immer zu verstehen ist, ist es noch schwieriger ihr zu folgen. Wer nicht auf seine innere Stimme hört, dessen Herz hört auf zu sprechen. Der Geist wird dann zum bloßen Beobachter.

Den Geist – das wahre unsterbliche Selbst – in die Aufmerksamkeit zu bringen, ihn zu erkennen und zu verwirklichen, ist das Ziel. Man nennt diesen Prozess Selbstverwirklichung.

Der Begriff der Selbstverwirklichung hat in den 60er und 70er Jahren des 20. Jahrhunderts eine dramatische Wandlung vollzogen. Denn Selbstverwirklichung ist ein sehr hohes spirituelles Ziel. Da praktisch niemand wusste, wie es zu erreichen war, weil man die Kundalini nicht erwecken konnte, wurde es bald zum Synonym für Ego-Verwirklichung. Für viele Menschen bedeutet Selbstverwirklichung einfach zu tun, was man will, eine Art egozentrische Rücksichtslosigkeit.

Das ist ein großer Irrtum, den sich zahlreiche falsche Gurus haben gut bezahlen lassen. Das Selbst zu verwirklichen bedeutet, sein Ego und seine Konditionierungen zu transzendieren und das Selbst, welches im Herzen wohnt, ins Bewusstsein zu bringen und zu verwirklichen. Das ist so ziemlich das Gegenteil dessen, was vielerorts unter dem Begriff der Selbstverwirklichung verstanden wird.

Wird die Kundalini erweckt, dann bringt sie das Wissen um unser Selbst in unser Bewusstsein. Sie setzt den Prozess der Selbstverwirklichung in Gang. Die Aufmerksamkeit gelangt in die Gegenwart und ist in der Lage, Zukunft und Vergangenheit zu meiden. Man ist ohne Gedanken, aber bewusst. Man nimmt alle vier Dimensionen wahr und lernt, sich darin harmonisch zu bewegen. Als Folge hört man damit auf, sich und anderen ungewollt zu schaden.

Achtsamkeit ist „leben im gedankenfreien Bewusstsein". Unser Zugang zur vierten Dimension versiegt augenblicklich, wenn wir zu denken beginnen.

Wir rekapitulieren:

- Chakren reagieren sowohl auf unser Handeln als auch auf unsere Absichten.
- Unschuld ist die Basis allen Dharmas und reflektiert in alle Chakren.
- Vergebung ist das Tor zum siebten Chakra.
- Das siebte Chakra liegt im limbischen System des Gehirns.
- Die Vereinigung von Atman und Kundalini im limbischen System des Gehirns nennt man Selbstverwirklichung.
- Selbstverwirklichung ermöglicht es uns, die eigenen Chakren wahrzunehmen.
- Achtsamkeit ist „leben im gedankenfreien Bewusstsein".

Der Makrokosmos

Im letzten Kapitel wurde der Mikrokosmos des einzelnen Menschen beschrieben. Wir lesen immer wieder, dass sich der Makrokosmos im Mikrokosmos spiegelt. Das bedeutet nicht weniger, als dass Gott den Menschen nach seinem Ebenbild erschaffen hat. Soweit so gut. Den Mikrokosmos haben wir uns angeschaut. Was ist nun mit dem Makrokosmos?

Die Reflexion Gottes in der Welt

Gestatten wir uns an dieser Stelle einen kleinen philosophischen Ausflug in das Wesen des Universums. Wir sind uns darüber im Klaren, dass wir nur einen schematischen Rahmen betrachten können. Wir unternehmen den Versuch, innerhalb unserer begrenzten menschlichen Ratio ein logisches Bild zu entwerfen, welches zwar niemals die Realität auch nur ansatzweise abbilden kann, das uns aber ein grobes Verständnis für die Prozesse der Schöpfung ermöglichen soll. Ein Schema eben, das es uns erlaubt, den Mikrokosmos und den Makrokosmos logisch übereinander zu legen.

Wir werden uns in diesem Kapitel der indischen Mythologie bedienen, weil sie Begrifflichkeiten kennt, welche dafür zweckdienlich sind. Der spirituelle Wortschatz unserer Kultur gibt das leider nicht her.

Stellen wir uns zunächst einmal vor, wir wären Gott, die einzige Sonne im Universum. Was sähen unsere Augen? Totale Dunkelheit. Weil nichts existierte. Nur Es – das Göttliche. Das kann ziemlich langweilig sein.

Also geht Es in einen Schöpfungszyklus. Als erstes trennt Es sich in beobachtetes Objekt – ähnlich einer Leinwand im Kino – und Betrachter. Die Leinwand ist nach der indischen Mythologie Adi Shakti, der weibliche Aspekt des Göttlichen, die Ur-Kraft[10]. Der Betrachter, also das Auge oder das Bewusstsein, ist Sadashiva, Gott der Allmächtige – die Basis jedweder Existenz. Adi Shakti ist die Liebe Gottes. Ihr einziger Wunsch ist es, mit Ihm eins zu sein. Er schiebt Sie von sich, um das Spiel beginnen zu lassen, Sie stürzt in Ihn zurück, weil Sie keinen anderen Wunsch kennt, als mit Ihm eins zu sein.

Doch an irgendeinem Punkt akzeptiert Sie die Trennung. In diesem Moment bekommt Sie alles, was Es in sich trägt. All seine Liebe, all seine Macht, all seine Fähigkeiten. Er bleibt als Bewusstsein zurück, als Betrachter der Schöpfung. Sie hingegen ist das multidimensionale Entertainment-Center, welches die Illusion der Schöpfung aus sich heraus gebiert. Sie ist in immerwährender Einheit mit Gottes Wunsch. Ziel ist es, Gottes Herrlichkeit zu reflektieren, auf dass Er sich sehen möge. Bei der Trennung

---

[10] Adi Shakti wird in der indischen Mythologie auch als Prakriti bezeichnet.

der beiden entsteht Omkara, der Ur-Klang beziehungsweise das Ur-Kind.

Es ist verblüffend, dass diese Übereinstimmung mit der christlichen Schöpfungslehre keine Beachtung findet – mit der Aufteilung des form- und attributlosen Göttlichen in Vater, Sohn und Heiligen Geist. Dass Gott den Menschen nach seinem Ebenbilde erschaffen hat, und es in der Dreieinigkeit des Göttlichen keinen weiblichen Aspekt geben soll, ist wirklich absurd. Eine Welt ohne Weiblichkeit. Akzeptiert man aber, dass es einen weiblichen Aspekt des göttlichen geben muss, dann gelten die Gleichungen „Heiliger Geist = Adi Shakti" und „Christus = Omkara".

Der Heilige Geist (Adi Shakti) geht nun in den Schöpfungszyklus und baut die Werkstatt, nämlich Raum und Zeit, sowie die Planungsbüros für die unterschiedlichen Aspekte Ihrer Schöpfung. Sie entwickelt die Programmiersprache, in der das Universum geschrieben wird, sowie das Rechenzentrum, in dem das Programm laufen soll.

Der eine oder andere wird sich vielleicht schon gefragt haben, wieso Shakti – das weibliche Prinzip – als das Empfangende gilt, wo sie doch gleichzeitig diejenige ist, die alles tut, also alles Handeln manifestiert. Die Ursache liegt in diesem Schöpfungsereignis, zu dem Sie alles empfängt, was Gott geben kann. Sie ist das Tao, die Mutter der Welt. Die Kraft des Göttlichen, durch die alle göttliche Arbeit getan wird. Und obgleich Sie wunschlos ist, hat Sie doch eine eigenständige Persönlichkeit. Der einzige Wunsch der Ur-Kraft, den man auch als „den reinen Wunsch" bezeichnet, ist Ihre Einheit mit Gott. Dieser Wunsch reflektiert in alle Wesen.

Das Christentum beschränkt sich auf die Betrachtung der ersten drei göttlichen Aspekte. Der Hinduismus kennt diese Aspekte, geht in seiner Betrachtung aber weiter und trennt den Heiligen Geist in zahlreiche Qualitäten des Göttlichen. Sie manifestieren sich als separate Gottheiten und können auf diese Weise getrennt voneinander verehrt werden.

Adi Shakti – der Heilige Geist – erzeugt aus sich heraus drei mütterliche Aspekte, die den Dimensionen der Vergangenheit (Wunsch / Emotion), der Zukunft (Materie / Ratio) sowie der Gegenwart (Evolution) entsprechen. In der indischen Mythologie werden diese drei Shaktis (Kräfte) in Form der Göttinnen Maha Kali, Maha Saraswati und Maha Lakshmi verehrt. Jede Shakti herrscht über eine dieser Dimensionen, die, wie wir später sehen werden, auch in unserem Inneren gespiegelt sind.

Maha Kali ist die Göttin der Emotionen. Sie regiert über die Vergangenheit, die Welt der Gefühle und alle Wesen der Vergangenheit.

Maha Saraswati ist die Göttin der Materie. Sie regiert über die physische Welt, ist die Herrin der Schöpfung und manifestiert die Zukunft.

Maha Lakshmi ist die Göttin der Evolution. Sie ist die Herrin über Wachstum und Entwicklung und herrscht über die Gegenwart. Sie herrscht also über jene Dimension, in der wir Menschen zwar beständig leben, die wir gedanklich aber dauernd verlassen, indem wir in die Zukunft und Vergangenheit abschweifen. Lediglich die Kinder scheinen sich in dieser Dimension zu Hause zu fühlen.

Schöpfung und Evolution

Innerhalb dieses Entwicklungssystems beginnt die Schöpfung. Sie beginnt mit dem Wunsch – Maha Kali Shakti – denn ohne Wunsch passiert gar nichts. Die Kraft des Wunsches arbeitet auf der Materie – Maha Saraswati Shakti. Diese erschafft das materielle Universum, also die 5 Elemente, die Galaxien und Sonnensysteme; alle Naturgesetze, die wir kennen. Die materielle Schöpfung manifestiert das zweite Chakra im Universum. Das Chakra der Kreativität.

Danach kommt die Kraft der Evolution ins Spiel und beginnt mit der Erschaffung des Lebens. Wir befinden uns nun auf der Ebene des Nabhi Chakras. Das Element des Nabhi Chakras ist das Wasser. Hier beginnt das Leben.

Auch die Kraft der Evolution wird von Maha Kali animiert, also dem Wunsch Gottes. Als erste evolutionäre Stufe des Lebendigen werden Pflanzen erschaffen. Pflanzen sind lebendige Materie, aber sie haben keine Wünsche. Sie sehnen nicht den

Regen herbei, wenn es trocken ist, oder die Sonne am Morgen. Sie reagieren überwiegend chemisch auf äußere Einflüsse. Bei Pflanzen kommt der Wunsch von außerhalb ihres eigenen Wesens, direkt aus der Maha Kali Shakti. Und weil der Wunsch nicht Teil der Pflanzen ist, sind sie nicht leicht zu töten. Dazu muss man ihnen die Lebensgrundlage entziehen oder ihre Struktur zerstören, indem man sie entwurzelt oder vertrocknen lässt. Pflanzen leben, besitzen aber keinen Wunsch bezüglich ihrer eigenen Existenz. Sie sind keine Individuen. Die Pflanze existiert – oder besser gesagt – vegetiert vor sich hin.

Das göttliche Selbst sieht die Schöpfung von innen. Er ist das einzige existierende Bewusstsein. Er reflektiert in jedes Atom, in jede Zelle. Er reflektiert Existenz und Bewusstsein in alle Wesen. Das bedeutet, dass das Auge, welches die Schönheit der Schöpfung sieht, erst erschaffen werden muss. Das göttliche Selbst blickt nicht als Mensch auf seine Schöpfung sondern als Gott durch seine Schöpfung, durch alle Wesen. Alles Bewusstsein ist Gott. Und das muss sich erst manifestieren, muss sich entwickeln, damit es erfahren werden kann.

Versuchen wir, die Pflanze aus dem Blickwinkel des Göttlichen zu betrachten, also von innen, dann vegetieren wir mit ihr. Natürlich ist die Freude der Existenz des Absoluten immer auch Teil der Schöpfung, aber die Pflanze hat kein entsprechendes Bewusstsein, in dem sich diese Freude spiegeln könnte. In einer Welt voller Pflanzen gibt es kein Auge, das ihre Schönheit bewundern könnte. Die Pflanze reflektiert die Freude der Schöpfung, erfährt sie aber nicht. Wenn Gott seine eigene Herrlichkeit erfahren möchte, reicht es also nicht aus, eine schöne Welt zu erschaffen. Er braucht auch ein Wesen, dessen Bewusstsein in der Lage ist, diese Schönheit zu genießen.

Die Evolution schreitet voran bis zur nächsten großen Stufe, dem Einzeller. Der Einzeller ist deshalb ein so beachtlicher Schritt, weil nun erstmals die Kraft des Wunsches in ein Lebewesen integriert wird. Zugegeben: die Wünsche einer Amöbe sind nicht besonders vielschichtig, aber sie kommen aus der Amöbe selbst, nicht mehr von außen. Damit wurde ein Wesen erschaffen, das bereits Aspekte aus zweien der drei Ur-Kräfte in seinem Bewusstsein reflektiert, nämlich Materie (Maha Saraswati) und Wunsch (Maha Kali). Diese Reflexion mag beschränkt sein, aber sie existiert. Das Bewusstsein in einem Blatt ist annähernd Null. In einem Einzeller mag es auch sehr gering sein, aber es ist deutlich größer als in einer Pflanze.

Man sieht hier, dass Evolution zwei Bewegungsrichtungen kennt: eine äußere, horizontale Bewegung ohne Bewusstseinserweiterung zur Anpassung an die jeweilige Umwelt sowie eine vertikale, innere Bewegung in Richtung eines höheren Bewusstseins. Uns interessiert vor allem letztere.

Die vertikale Evolution schreitet also voran, wobei die Kraft der Evolution weiterhin von außen auf die Wesen der Schöpfung einwirkt. Über die unterschiedlichsten Entwicklungsstadien der Säugetiere bis zum Vorgänger des Menschen wurden die Wesen immer bewusster. Die Dimensionen der Wünsche und der Materie sind bereits in weiten Bereichen ihres Bewusstseins manifestiert. Die Basiswünsche Nahrung, Schutz und Fortpflanzung sind immer vorhanden, bekommen aber neue Ausprägungen. Schutz wird nicht nur in Form einer Höhle gesucht, sondern jetzt auch durch die Zugehörigkeit zu einer Gruppe. In der Tierwelt finden sich zahllose Beispiele für komplexe Sozialsysteme und Kommunikationsformen, die die Rangordnung in der Gruppe und damit den Zugang zu Nahrung und Fortpflanzung regeln.

Die Kraft der Evolution – die dritte Kraft – wird jedoch noch nicht im Individuum reflektiert; in keinem Wesen. Ein Affe hat nicht den Wunsch, sich zu einem höheren Wesen zu entwickeln. Dieser Bereich der Realität – Maha Lakshmi Shakti – bleibt bislang unreflektiert. Unreflektiert bedeutet, dass diese Qualitäten des Göttlichen sich nicht im Bewusstsein eines Lebewesens manifestieren und damit die Reflexion des Göttlichen in seiner Schöpfung unvollständig bleibt.

Hinzu kommt, dass Gott frei entscheiden kann, während die Tiere allesamt Seinem Willen – oder besser gesagt – ihrer Natur unterworfen sind. Sie haben bereits Ansätze von Superego entwickelt, in dem Sinne, dass auch sie aus Erfahrungen lernen. Aber sie haben kein Ego. Ihr Verhalten steht im Einklang mit dem Willen Gottes. Wenn wir hierfür den Begriff des Dharmas bemühen wollen, dann handeln Tiere immer im Rahmen des Dharmas ihrer Art. Sie besitzen nicht die Freiheit, aus diesem System auszubrechen oder ihr Dharma selbst zu definieren. Das gibt es lediglich in Horrorfilmen. In der echten Welt handelt ein Löwe wie ein Löwe, ein Gnu wie ein Gnu und eine Biene wie eine Biene. Ihr verhalten wird durch ihre Natur beschränkt.

Für eine vollkommenere Reflexion des Göttlichen wären das folglich die nächsten Schritte zur Erweiterung des Bewusstseins: Freiheit und der Wunsch nach Entwicklung. Hier beginnt die Existenz des Menschen.

Wie aber erweckt man in einem Wesen den Wunsch nach Freiheit? Indem man es einsperrt. Ein Vogel ist sich seiner Freiheit nicht bewusst. Sperrt man ihn aber ein, so will er raus. Indem der Mensch sein Haupt hebt, werden nun beide Fliegen mit einer Klappe geschlagen. Der subtile Energiefluss wird im Säugetier normalerweise über seine Vorderbeine in die Erde abgeführt. Nun hebt der Mensch sein Haupt und trennt seine Hände von der Mutter Erde. Die Energien aus physischer und emotionaler Tätigkeit werden nicht länger abgeführt, sondern stauen sich im Kopf. Sie erzeugen als Endbereiche des rechten und linken Sympathikus Ego und Superego und trennen das Individuum vom Ganzen.

Der Mensch bekommt Erkenntnis. Er wird sich seines Handelns mental bewusst und muss sich fortan selbst entscheiden, ob er seinem Ego oder seinem Superego den Vorzug gibt. Er ist in sich selbst gefangen, in seinem Kopf, zwischen Vergangenheit und Zukunft. Die Gegenwart erfährt er nur noch in seiner Kindheit, im Schlaf oder spontan in Momenten der Gedankenfreiheit. Beginnt er aber, über sich und sein Leben nachzudenken, verliert er augenblicklich den Bezug zur Gegenwart und irrt in den endlosen Windungen seines Gehirns umher. Und weil er spürt, dass damit etwas nicht stimmt, beginnt er, einen Weg aus dieser Sackgasse zu suchen. Er will etwas anderes. Er weiß nicht genau, was es ist, aber es ist sicher nicht das, was er hat. Auf diese Weise kann nun die dritte Ur-Kraft – die Kraft der Evolution – in den Menschen integriert werden.

Dieser Evolutionssprung ist so bedeutend wie der Sprung zwischen Pflanze und Einzeller. Der Mensch beginnt nach höherem zu streben. Er bekommt eigene Erkenntnisse, eigene Wünsche und ein Gedächtnis, das es ihm erlaubt, sein Handeln und die Ergebnisse seines Handelns wahrzunehmen und zu beurteilen. Er wird frei zu entscheiden, was er tun will. Frei des Zwanges zur Harmonie mit Gott. Er kann Teile seines Dharmas selbständig bestimmen. Kann für sich und die Seinen Regeln und

Gesetze definieren. Kann diese befolgen, brechen und ahnden.

Und Gott? Ist immer dabei. Blickt durch jedes Auge und jedes Herz hinaus in die Welt. Auf der Suche nach sich selbst. Das ist das einzige Problem, das den Menschen jetzt nicht mehr verlassen wird: Die Suche nach dem Absoluten, die Suche nach dem eigenen Selbst. Wann immer es ihm gut genug geht, wird diese Suche aus ihm hervorbrechen und ihn dazu zwingen, Neues zu suchen, weiter zu gehen.

In dieser Suche entwickelt er sich vom Höhlenwesen zum modernen Menschen, erforscht und erfindet. Um ein besserer Reflektor des göttlichen Bewusstseins zu werden, fehlen ihm jetzt noch zwei Dinge. Zum einen ist das die Erkenntnis des eigenen Selbst. Gott weiß, wer Er ist. Und der zweite Schritt wäre die Angleichung seiner eigenen Wünsche an Gott, also den eigenen Wunsch mit dem Wunsch Gottes in Einklang zu bringen. Dem Göttlichen ergeben zu sein. Freiwillig. Ganz ohne Zwang. Eins zu werden mit seiner Liebe und Barmherzigkeit. Das System des Dharmas vollständig zu transzendieren und eins zu werden mit dem Bewusstsein des Ganzen. Alles wahrnehmen zu können, was existiert. Man beschreibt diesen Zustand häufig mit einem Tropfen, der sich im Ozean auflöst und sich des Ozeans bewusst wird. Der Prophet Mohammed hat ihn mit dem Wort „Islam" beschrieben: Ergebenheit.

Natürlich bleibt an dieser Stelle die Frage offen, was der liebe Gott denn wirklich erwartet und will. Diese Frage kann niemals intellektuell gelöst oder rational beantwortet werden. Unser Intellekt ist eindimensional. Realität ist aus Sicht des Intellekts paradox. Deshalb hat keiner der Propheten rationale Anweisungen aufgeschrieben. Ergebenheit kann erst nach der Selbstverwirklichung gelebt werden, wenn die Bewusstseinsebene des Rationalen transzendiert wird und eine Verbindung zwischen dem Individuum und dem Ganzen besteht. Die Frage nach dem richtigen Handeln kann nur – immer und immer wieder – spontan beantwortet werden. Von innen heraus, aus dem eigenen Selbst.

Sahaja Yoga erzeugt diese Verbindung mit dem eigenen Selbst. Nicht mehr, aber auch nicht weniger. Das ist es, was Shri Mataji Nirmala Devi der Welt geschenkt hat, wofür Sie gelebt und gearbeitet hat: die Verbindung des Individuums mit dem eigenen Selbst. Damit hat Sie die letzte große Stufe der Evolution eingeleitet. Das siebte Siegel wurde gebrochen.

Der Makrokosmos im Mikrokosmos

Wir sind im mittleren Teil des Buches bereits auf die Energiekanäle und Chakren eingegangen. Nun wollen wir die Verbindung zwischen dem System der Chakren und den im Kapitel Makrokosmos dargestellten Funktionen betrachten. Denn das System der Evolution mit seinen Kräften und Qualitäten ist im Menschen gespiegelt.

Wer aufmerksam gelesen hat, dem wird aufgefallen sein, dass die drei großen Energiekanäle den drei Urkräften entsprechen. Maha Kali regiert den Mondkanal (links), Maha Saraswati den Sonnenkanal und Maha Lakshmi den zentralen Energiekanal, in dem die Kundalini aufsteigt.

Die Chakren manifestieren die Qualitäten verschiedener göttlicher Aspekte als Fähigkeiten oder Tugenden im Menschen. Auch den Chakren können Gottheiten zugeordnet werden, was hier allerdings nicht im Detail besprochen werden soll. Diese Zuordnung kann durch die Verehrung der jeweiligen Gottheiten verifiziert werden, da sie zur Öffnung der Chakren führt. Kann man diese Öffnung spüren, dann ist die Zuordnung der göttlichen Aspekte zu einem Chakra nachvollziehbar.

Nehmen wir zur Veranschaulichung das Agnya Chakra. Christus hatte die Aufgabe, dieses Chakra zu öffnen, also das Zentrum, in dem sich Vergangenheit und Zukunft kreuzen. Seine Lehre bezieht sich folglich stark auf dieses einzelne Chakra. Die Essenz seiner Lehre ist Vergebung, weil nur Vergebung das Chakra öffnet. Das Agnya Chakra können wir zum Beispiel mit dem Vaterunser öffnen.

Die Propheten hingegen verweisen immer auf das Nabhi Chakra, weil ihre Aufgabe die Balance der Gesellschaft, also ein Leben in Dharma ist. Sie erläutern das Dharma des Nabhi Chakras oder der Manifestationen des gleichen Prinzips im rechten Herzen oder dem Hals-Chakra. Die Urmeister lehrten die Qualität der Rechtschaffenheit, die dem rechten Herz-Chakra zugeordnet ist, oder die des Vishuddhi Chakras, in dem Rechtschaffenheit und das Wohlwollen diplomatischer Kommunikation zum Ausdruck gebracht werden. Entsprechend haben die Lehren der Propheten normalerweise einen engen Bezug zur Gesellschaft als Ganzes.

Buddha wiederum kontrolliert das Ego. Folglich ist sein Lebensweg und seine Lehre vorwiegend Anti-Ego ausgerichtet. Sie hört sich ganz anders an als die Lehren der Propheten. Klar, dass es im Kern immer um Liebe und Barmherzigkeit geht, aber der Fokus auf die Kontrolle des Egos erfordert ganz andere Methoden und Wege als der Fokus auf die Balance einer Gesellschaft.

Im Gesamtbild ergeben die vielen Überlieferungen zu einzelnen Gottheiten oder Propheten einen Sinn. Sie passen plötzlich wie ein Puzzle zusammen. Was sich zuvor widersprochen hat, ergänzt sich jetzt, je nachdem, welche Qualitäten eine Inkarnation manifestieren musste, um ein Chakra im globalen Bewusstsein zu aktivieren.

Sahaja Yoga ermöglicht also nicht nur die Erkenntnis des eigenen Selbst, sondern lehrt auch den Zusammenhang zwischen den verschiedenen göttlichen Aspekten und unseren Chakren. Die

Chakren wiederum kontrollieren die inneren Organe und damit auch unsere Gesundheit. Es ist ein ganzheitliches System, das nicht nur Selbsterkenntnis fördert, sondern das Individuum in die Lage versetzt, die eigenen Defizite zu identifizieren und – sofern ausreichendes Interesse besteht – zu beheben. In Meditation spürt man seine eigenen Chakren und die Chakren der anderen. Man betritt die Ebene des kollektiven Bewusstseins. Hat man das System einmal verstanden, kann man relativ einfach die Entwicklung und Harmonisierung der eigenen Persönlichkeit vorantreiben.

Auf diese Weise spiegelt sich die Evolution des Menschen in seinen Chakren. Der aktuell stattfindende Evolutionssprung ist offensichtlich ein kollektiver Zugang zur vierten Dimension der Wahrnehmung über die Öffnung des siebten Chakras. Die Menschheit ist an der Schwelle einer neuen Zeit, in der das gegenseitige Verständnis eine neue Ebene erreicht.

Der Mensch hat nun die Möglichkeit, sein eigener Meister zu werden.

Meisterschaft im Leben

Dharma zu leben bringt unser Wesen in Balance. Wozu aber braucht man diese Balance überhaupt? Kann man nicht einfach darauf verzichten?

Wenn Realität das multidimensionale System ist, in dem wir uns bewegen, dann ist Dharma die Gebrauchsanweisung für dieses System. Und genauso wie man sehr viele Maschinen und Werkzeuge auch ohne Gebrauchsanweisung einigermaßen benutzen kann, weil sie sich dem Verstand selbstständig erschließen, so kann man die wichtigsten Funktionen des eigenen Lebens ohne jedes Wissen von Dharma bestreiten. Will man aber Meisterschaft in einem Handwerk oder einer Kunst erlangen, reicht es nicht aus, ein bisschen herumzuprobieren. Man sucht sich einen Lehrer, der bereits Meisterschaft auf einem Instrument, in einem Handwerk oder einer Wissenschaft erlangt hat, und versucht, möglichst viel von ihm zu lernen.

Gelingt es, ein Meister zu werden, dann kann man nicht nur ein bisschen mehr als andere. Es geht einem auch leichter von der Hand. Ein Beispiel: Die meisten von uns streichen ihre Wohnung selbst. Wer aber schon mal einen Malermeister hat streichen sehen, der weiß, dass dieser die dreifache Fläche in besserer Qualität und weniger Zeit schafft. Meisterschaft führt bei geringerer Anstrengung zu besseren Ergebnissen. Was wäre also sinnvoller als das Leben zu meistern?

Dharma zu meistern heißt das Leben zu meistern; Menschlichkeit zu meistern. Das bringt zahlreiche Vorteile. Es bringt uns Gesundheit, Erfolg in unseren Handlungen, Gelassenheit in unserem Wesen, mehr Freude. Ein Leben in Dharma ist einfach lebenswerter. Menschlichkeit hat aber auch eine Wirkung auf die Gemeinschaft. Sie ermöglicht Bescheidenheit, gegenseitige Hilfe und Unterstützung, Teilhabe, Gerechtigkeit und schlussendlich mehr Freude für alle.

Wenn Dharma die Gebrauchsanweisung für das multidimensionale, funktionale System der Realität ist, dann ist Karma das Ergebnis unseres Handelns. Gutes oder schlechtes Karma haben wir nicht, weil wir gut oder böse sind, sondern weil wir den Gesetzen dieses Systems entweder gefolgt sind oder ihnen zuwidergehandelt haben. Da geht es nicht um einen strafenden Gott, der uns Sünder zur Rechenschaft zieht, sondern um eine Art funktionale Reaktion der Realität auf unser Handeln. Gott ist Liebe und Barmherzigkeit. Er vergibt. Er ist uns nicht böse, wenn wir vom Dach springen, aber die Beine brechen wir uns trotzdem, weil es einfach nicht der richtige Weg ist. Auch wenn uns dieser Weg nach unten vielleicht schneller erscheint als die Leiter.

Nun haben wir bereits einiges über die vierte Dimension unseres Bewusstseins gehört. Sich darin etablieren kann nur, wem es gelingt, seine Chakren in Balance zu halten, damit die Kundalini vollständig aufsteigen kann. Wenn wir den Zusammenhang zwischen Chakren und Inkarnationen erkennen, dann wird deutlich, dass alle Meister der Vergangenheit auf diesen letzten großen Schritt in der Evolution des Menschen hingearbeitet haben. Alle Heiligen und Inkarnationen haben sich bemüht, dieses System so zu balancieren, dass wir innerlich wachsen können. Nun ist die Zeit gekommen, unsere begrenzte Wahrnehmung zu transzendieren. Die Tür ist auf und wir müssen nur hindurchgehen. Meisterschaft im Leben erzeugt die nötige Balance, um unsere Wahrnehmung zu transzendieren.

Balance im Leben ist die Basis des individuellen Wachstums und will erlernt und geübt sein. Dazu bedarf es der Disziplin. Disziplin ist kein Selbstzweck, sondern der einzige Weg zur Meisterschaft. Freiheit ist eine Folge von Meisterschaft. Betrachten wir uns hierzu als Beispiel die Musik.

Ich habe nie gelernt Gitarre zu spielen. Würde ich mir trotzdem eine Gitarre nehmen und begänne darauf zu spielen, dann würden die Zuhörer wegrennen. Die Töne wären falsch, die Tonlage schräg. Vielleicht wäre das Instrument verstimmt, und ich würde es nicht einmal bemerken. Ich würde zu schnell oder zu langsam spielen. Zwar besitze ich die Freiheit, an dem Instrument herumzuzupfen, aber diese angebliche Freiheit ist für die Zuhörer nichts als ein Graus.

Wollte ich das Instrument erlernen, dann müsste ich mit einfachen Aufgaben und sehr wenig Freiheit üben. Festgelegte Tonfolgen, festgelegter Rhythmus, diszipliniert üben. Nach einiger Zeit könnte ich dann auch kompliziertere Musikstücke anderer Musiker nachspielen. Aber erst wenn ich das Instrument ordentlich erlernt hätte, wäre ich in der Lage, die Geschwindigkeit zu wechseln, ohne den Rhythmus zu verlieren; könnte durch das Einspielen unerwarteter Töne Stücke interessanter und abwechslungsreicher gestalten. Und hätte ich Meisterschaft über das Instrument erlangt, könnte ich frei improvisieren, wie das unter anderem im Jazz üblich ist. Solch ein Musiker verlässt die gewohnte Harmonie, ohne unharmonisch zu werden. Er verlässt den Rhythmus, ohne den Takt zu verlieren, und es geht im leichter von der Hand als dem Anfänger das „Alle meine Entchen".

Haben Sie keine Angst vor Disziplin. Sie benötigen sie nur so lange, bis Sie eine Herausforderung gemeistert haben. Danach befinden sich Ihre Fähigkeiten auf so hohem Niveau, dass sie ohne Anstrengung Großartiges vollbringen. Erst dann ergibt Freiheit einen Sinn. Ohne Disziplin besitzen Sie lediglich die Freiheit, sich selbst zu schaden oder lächerlich zu machen. Echte Freiheit, die Sie und andere gleichermaßen genießen können, ist immer eine Folge von Disziplin.

Auch das Leben will geübt sein, und auch hier braucht man Disziplin. Nicht um der Disziplin willen, sondern um der Freiheit und der „Freude aller" willen.

Leben in Balance

Betrachten wir die Chakren als Basis unserer Begrenzungen, um zu verstehen, wie wir unsere Balance etablieren oder verlieren können.

Die unteren beiden Chakren, Muladhara und Swadisthan, manifestieren Unschuld und die verschiedenen Methoden, Wahrheit zu offenbaren. Es sind Basissysteme, bei denen es keine inneren Gegensätze gibt. Sie manifestieren die Basis des Seins. Es gibt keine Alternative zu Unschuld. Sie ist allgegenwärtig und darf nicht kompromittiert werden. Kreativität und Wissen im Swadisthan Chakra manifestieren das Wesen des Göttlichen in der Welt. Natürlich kann man den Qualitäten dieser Chakren zuwider handeln, aber Wissen und Kreativität sind keine Gegensätze, die sich wechselseitig balancieren.

Die darüber liegenden drei Ebenen, Nabhi, Herz und Vishuddhi (Hals) manifestieren das Menschliche an sich, mit all seinen Widersprüchen und Möglichkeiten. Auf diesen Ebenen gibt es konkurrierende Werte oder Qualitäten, die sich wechselseitig ergänzen. Betrachten wir uns das zum besseren Verständnis auf der Ebene des Nabhi Chakras, also des dritten Chakras am Solar Plexus.

Das dritte Chakra ist für unsere körperliche und emotionale Zufriedenheit zuständig und kontrolliert große Teile unserer Verdauungsorgane. Ernährung wirkt auf dieses Chakra. Nun ist es so, dass eiweißhaltige Nahrung Hitze erzeugt, die benötigt wird, um die linke Seite zu stärken. Die linke Seite kühlt uns. Wird sie zu stark, dann werden wir lethargisch, frösteln, werden emotional unzufrieden.

Fleisch sollte folglich ein wichtiger Nahrungsbestandteil für Leute mit Problemen der linken Seite sein. Natürlich kann man darauf verzichten und andere eiweißhaltige Nahrung wählen, aber Fleisch bleibt das Mittel der Wahl zur Stärkung der emotionalen Seite.

Kohlenhydrate und Zucker hingegen kühlen das System. Sie sind wichtig für Menschen, die eine starke rechte Seite haben, die schwer arbeiten, zukunftsorientiert, diszipliniert und mental sind.

Es gibt kein „Iss dich vegan ins Nirwana". Man muss sein eigener Meister sein und verstehen, was der eigene Körper braucht. Und das sollte man dann essen. Überaktive sollten weniger Fleisch und mehr Kohlenhydrate zu sich nehmen, emotionale Menschen sollten sich eher für eine Low Carb / High Protein Ernährung entscheiden. Wer eine gute Verbindung zu sich selbst hat, der spürt intuitiv, was er heute essen sollte. Wichtig ist aber, dass man von allem etwas bekommt. Es geht „Low Carb", aber nicht „No Carb". Das rechte Nabhi braucht

Kohlenhydrate. Genauso wie das linke Nabhi Eiweiß benötigt. Auch wenn es wenig ist: ganz ohne Eiweiß geht es nicht.

Es gibt aber auch Dinge, die man niemals essen sollte. Dazu gehören Nägel, Plastik, Drogen oder Motoröl. Das Nabhi Chakra hat also einen Toleranzbereich, der verschiedenste Nahrungsmittel in unterschiedlichen Mengenverhältnissen verlangt. Gleichzeitig gibt es völlig inakzeptable Dinge, die das Chakra schwer schädigen können.

Natürlich gibt es noch unzählige weitere Qualitäten im Nabhi Chakra. Ich habe mein Beispiel lediglich auf unsere Ernährung beschränkt, um das ihnen innewohnende Prinzip zu verdeutlichen. Die mittleren Chakra-Ebenen – Nabhi, Herz und Vishuddhi – besitzen jeweils drei Chakren, rechts, Mitte und links, die sich gegenseitig ergänzen. Jedes der Chakren hat Bedürfnisse, die man nicht vernachlässigen darf. Um in Balance zu sein, müssen beide Seiten gelebt werden.

Wenn wir in Extreme gehen, vernachlässigen wir eine Seite unseres Wesens und verlieren die innere Balance. Sind die Chakren außer Balance, dann kann man die jeweils gegenüberliegenden Qualitäten nutzen, um diese Balance wieder herzustellen. Zu viel Hitze im System? Mehr Kohlenhydrate, um die rechte Seite zu kühlen. Zu lethargisch? Mehr Eiweiß essen, um die rechte Seite aufzuheizen. Ist alles in Balance? Dann essen, worauf man Lust hat.

Betrachten wir uns dieses Prinzip der sich balancierenden Gegensätze noch auf den nächsten beiden Ebenen.

Das Chakra über dem Nabhi ist das Herz-Chakra. Auf der rechten Seite manifestiert es Rechtschaffenheit, Wahrheitsliebe, Respekt, Gehorsam und Gesetzestreue. Das rechte Herz-Chakra verlangt nach diesen Qualitäten. So wie das rechte Nabhi nicht ohne Kohlenhydrate auskommt, kann das rechte Herz nicht ohne Rechtschaffenheit gesund bleiben. Auf der linken Seite manifestiert das Herz-Chakra Liebe und Barmherzigkeit, unsere Empathie für andere. Auch diese Seite will gelebt sein. Wer niemals drei gerade sein lässt, weil sein Verstand ihn beständig zum Gehorsam verpflichtet, der schadet seinem Herzen. Es ist nicht so, dass man zwingend die Regeln des rechten Herzens verletzen muss, um seinem Herzen zu folgen. Es ist nur so, dass das linke Herz diese Regeln nicht kennt. Liebe kennt keine Grenzen. Sie ist Ausdruck unserer Menschlichkeit. Manchmal muss man auch dann auf sein Herz hören, wenn es den Regeln widerspricht. Sonst können rechtslastige Menschen zu herzlosen Monstern mutieren und sich trotzdem im Recht – ja sogar in der Pflicht sehen – herzlos zu handeln.

Umgekehrt gilt das Gleiche. Wenn Menschen viel Energie über das linke Herz beziehen und das rechte Herz dabei vernachlässigen, können sie einen Hang zur Vetternwirtschaft und Korruption entwickeln. Sie können sich dann gar nicht vorstellen, wieso man dem Bruder oder Cousin nicht zu einem Job verhelfen sollte, für den er eigentlich nicht geeignet ist. Man tut es doch aus Liebe, das ist doch ganz normal.

Hier wird die Rechtschaffenheit vernachlässigt. In so einem Fall sollte man mehr auf die Regeln achten, um die Balance der Chakren zu erhalten, auch wenn die Gefühle etwas anderes sagen. Rechtschaffenheit muss auch gelebt werden.

Aber der größte Feind des Herzens ist die Feigheit. Sie ist für das Herz völlig inakzeptabel und verhindert, dass man seinem Herzen folgt, wenn es nötig wäre, oder auch seine Pflicht tut, wenn etwas getan werden muss. Angst: Zur dunklen Seite der Macht sie führt.

Das fünfte Chakra, das Vishuddhi Chakra, ist das Chakra der Kommunikation und Gemeinschaft. Es manifestiert die vollständigste Ausprägung von Dharma, das im Nabhi seinen Ursprung hat. Auch hier finden wir gegensätzliche Bedürfnisse auf den Seiten. Das linke Hals-Chakra braucht Wahrheit und verlangt nach einer klaren Ansage. Es wird durch Blitz und Donner symbolisiert. Die Wahrheit ist nicht zu übersehen und nicht zu überhören.

Auf der rechten Seite benötigt das Hals-Chakra Freundlichkeit und Liebenswürdigkeit – eine liebevolle Sprache und einen freundlichen Umgang miteinander. Auch unsere Gesten und unser Gesichtsausdruck sollten diese Qualitäten vermitteln.

Auch wenn die Eigenschaften der Chakren widersprüchlich erscheinen: sie ergänzen sich. Wahrheit und Freundlichkeit passen nicht immer zusammen, aber beide sind wichtig. Vernachlässigt man die Wahrheit um der Liebenswürdigkeit willen, wird man zum Heuchler. Vernachlässigt man die Freundlichkeit um der Wahrheit willen, wird man ein unangenehmer Gesprächspartner. Sarkasmus und Zynismus sind Auswüchse dieses Verhaltens. Beide Extreme sollten vermieden werden.

Ein Ausdruck – sei er gesprochen oder eine Geste – der zum Ziel hat andere zu verletzen, ist für das Hals-Chakra völlig inakzeptabel. Will man das Chakra in Ordnung halten, so steht man vor der Herausforderung, freundlich zu sein und gleichzeitig die Wahrheit zu sagen, ohne andere damit zu verletzen.

Das ist nicht immer einfach. Manchmal tut die Wahrheit weh. Man sieht, dass diese Herausforderung nur bezwingen kann, wer die Herz-Ebene gemeistert hat. Wenn Wahrheit, die weh tut, so ausgesprochen wird, dass sie uns unserem Selbst näherbringt, dann ist das Vishuddhi Chakra zufrieden. Wenn sie hingegen nur verletzt, spaltet oder einen Menschen tiefer in die innere Isolation treibt, dann sollte man an seiner Kommunikation arbeiten. Das Hals-Chakra wird deshalb auch als das Chakra der

Diplomatie bezeichnet. Die Kunst, auch unangenehme Dinge so zu verpacken, dass andere nicht erniedrigt werden und man gemeinsam ein höheres Ziel erreicht.

Das Hals-Chakra erhält Unterstützung von einem kleinen Satelliten-Chakra an der Nasenwurzel, welches unser Unterscheidungsvermögen manifestiert. Auch auf dieser Ebene ist Unschuld eine elementare Qualität. Nur wer ohne Hintergedanken kommuniziert, kann das Chakra offen halten.

Das Agnya Chakra in der Stirn ist das Tor, das man durchqueren muss, um die Bewusstseinsebene des siebten Chakras zu erreichen. Hier gibt es keine widerstrebenden Kräfte, die es zu balancieren gilt, sondern jede Dysfunktion in den unteren Chakren manifestiert sich auf dieser Ebene als Ego oder Superego und verhindert eine vollständige, dauerhafte Öffnung des sechsten Chakras. Der einzige Weg hindurch ist Vergebung. In Vergebung kann Gedankenfreiheit etabliert werden. Unschuld ist die Basis der Gedankenfreiheit.

Die sechste Chakra-Ebene ist die Ebene der Entsagung, des Verzichts auf jegliche Reaktion. Denn Atman – unser Selbst – reagiert nicht. Es ist der Zeuge der Welt. Diese Entsagung ist nicht feststofflicher Natur. Man muss nicht fasten, sein Geld verschenken und ein Leben in Armut leben, um diese Form der Entsagung zu manifestieren. Es ist der innere Verzicht, der sich in diesem Chakra manifestiert, der Verzicht auf Reaktion. Bescheidenheit entsteht, wenn diese Entsagung gelebt wird.

Ein indisches Sprichwort sagt: Bescheidenheit ist die einzige Zierde der Meisterschaft.

Der Zustand des Agnya Chakras reflektiert sich in unseren Augen. Ist das Chakra offen, weiten sich die Pupillen und die Augen funkeln.

Der mittlere Pfad

Wir haben bereits die Balance der einzelnen Chakra-Ebenen betrachtet, bei denen man auf der Ebene des jeweiligen Chakras zwischen links und rechts balancieren muss.

Betrachten wir spirituelles Wachstum als Ganzes, verhält es sich etwas anders. Die linke Seite neigt zur Lethargie und Unterwerfung. Im Zustand der Lethargie oder der Angst ist spirituelles Wachstum kaum möglich. Um sie zu überwinden, muss man aktiv werden, also seine rechte Seite nutzen und diszipliniert sein. Aktivität, sei sie körperlich oder mental, führt automatisch auf die rechte Seite.

Nun ist auch die rechte Seite eine spirituelle Sackgasse. Man kann Weisheit oder Erleuchtung nicht denken. Sie sind keine Gedankenmodelle, sondern reale Bewusstseinszustände.

Es stellt sich also die Frage, wie man von der rechten Seite in den zentralen Energiekanal gelangt. Buddha nannte das den Weg der Mitte.

Ist man auf der rechten Seite, dann reicht es nicht aus, einfach inaktiv zu werden. Dann würde man nur in die linke Seite zurückfallen. Aber da wollen wir jetzt nicht hin. Wir wollen den Weg der Mitte beschreiten. Es ist also nicht damit getan, einfach wieder in Lethargie zu verfallen. Der Weg in die Mitte führt über die Vernunft, welche einen Ausgleich oder Kompromiss zwischen links und rechts herstellt.

Vernünftiges Handeln ist deshalb sehr wichtig. Es führt in die Mitte, beschreitet aber nur bedingt den mittleren Pfad. In der Mitte angelangt, muss man üben, sich nicht mit seinen Handlungen zu identifizieren; also handeln ohne zu handeln. Das wiederum ist nur möglich, wenn wir die innere Meisterschaft über uns selbst erreicht haben, wenn wir uns vom Zwang fortwährender Reaktionen befreit haben.

Im dritten Kapitel der Bhagavad Gita heißt es dazu in Vers 42:

Man sagt, die Macht der Sinne sei groß. Aber größer als die Sinne ist der Verstand. Größer als der Verstand ist die Vernunft; und größer als die Vernunft ist Er - der Geist, der im Menschen und in allem wohnt.

Die Sinne stehen hier für die Welt der Gefühle, unsere linke Seite. Der Verstand wird über die rechte Seite manifestiert. Vernunft ist der Weg der Mitte. Von dort steigt man auf zum Geist, dem eigenen höheren Selbst. Es sind also – ausgehend von der linken Seite – drei Stufen, die man durchläuft. Nach rechts, zur Mitte und dann nach oben.

Nach der Erweckung der Kundalini geht das leichter. Man handelt in gedankenfreiem Bewusstsein und löst sich allmählich aus der irrigen Identifikation mit den eigenen Handlungen.

Der Weg in die Mitte führt also immer über die rechte Seite. Es gibt keinen Weg, aus der linken Seite heraus in Balance zu gehen. Meditation ist ein gutes Mittel, um diesen Prozess zu unterstützen und zu üben[11].

An dieser Stelle wäre noch zu bemerken, dass der Geist, das höhere Selbst, über der Vernunft steht. Wenn ein Mensch in der Lage ist, spontane Entscheidungen im Einklang mit seinem höheren Selbst zu treffen, dann müssen diese Entscheidungen nicht zwingend mental nachvollziehbar oder vernünftig sein. In der Hierarchie des Richtigen und Wichtigen steht das Mentale unterhalb der Vernunft und die Vernunft unterhalb des höheren Selbst.

---

[11] Shri Mataji hat diesen Prozess am 17.5.1980 in Winchester UK ausführlich beschrieben.

Zum Verhältnis von Verstand und Vernunft

So wie das höhere Selbst über der Vernunft steht, so steht die Vernunft über dem Verstand. Da sich der Verstand auf unsere Ratio beschränkt, ist er nicht in der Lage, die Realität abzubilden, die ja ihrerseits irrational ist. Die Vernunft, auch gemeinhin als gesunder Menschenverstand bezeichnet, versucht, die Lücke zwischen der Ratio und der Realität zu überbrücken.

In der Evolution des Menschen ist der gesunde Menschenverstand von elementarer Bedeutung, weil er das Maximum aus unserem Gehirn herausholt, das man innerhalb unserer drei Wahrnehmungsdimensionen erreichen kann. Im Bestfall paart er sich mit Unschuld. Dann wird gesunder Menschenverstand zu Weisheit. Weisheit lässt sich weder unterrichten noch niederschreiben, weil sie sich teilweise außerhalb der Sphäre des rationalen bewegt.

Nicht so Gesetze. Indem sich der Mensch Gesetze gibt, versucht er, als wahr erkannte Verhaltensweisen zu fördern bzw. falsches Verhalten zu sanktionieren. Da Gesetze in ihrem Wesen rational sind, bedürfen sie der Interpretation durch einen Richter. Dieser muss in der Lage sein, die Ratio hinter sich zu lassen und eine Tat – natürlich auf Basis der Gesetze aber auch auf Basis des gesunden Menschenverstandes – zu bewerten.

Hier stehen wir vor einem Dilemma, weil man den gesunden Menschenverstand nicht unterrichten kann und deshalb ähnliche Taten verschiedene Strafen nach sich ziehen werden. Das wird als ungerecht empfunden. Der darauffolgende Versuch, ein Gesetzt klarer zu definieren, macht es stringenter in der Auslegung und nimmt damit dem Richter die Möglichkeit, gesunden Menschenverstand zur Beurteilung hinzu zu ziehen. Das Ergebnis führt dann unter Umständen zu Urteilen, bei denen die Vernunft vollständig abhandengekommen scheint.

Unsere Gesellschaft befindet sich in diesem Prozess der Rationalisierung. Wir gehen immer weiter auf die rechte Seite und verlieren dabei immer mehr den Kontakt zur Realität. Letztlich sind die überbordende Digitalisierung und Ideen wie der Transhumanismus zum Scheitern verurteilt, weil sie den Menschen auf der Ebene der Ratio gefangen nehmen möchten, was unweigerlich zum Niedergang unserer Kultur führen muss.

Ein Computer kann keinen gesunden Menschenverstand entwickeln. Deshalb kann Digitalisierung nicht die Probleme der Menschheit lösen. Intuition basiert auf der Verbindung eines Wesens mit dem höheren Selbst. Wieso rennen die Ratten bei einem Tsunami lange bevor der Welle kommt? Es ist die Verbindung der Tierwelt mit dem höheren Selbst, welche dieses Verhalten auslöst, auch wenn die Ratte sich der Ursache ihres Verhaltens nicht bewusst ist. Ein Computer aber ist seelenlos. Er hat keine Verbindung zum höheren Selbst und kann nicht von ihm beeinflusst werden. Folglich kann er keinen Beitrag zur Evolution des Menschen leisten. Bezogen auf die Vernunft, sind Computer evolutionär rückwärtsgewandt und künstliche Intelligenz deshalb langfristig zum Scheitern verurteilt.

Chakren, Dharma und Kultur

In der Moderne haben sich viele Kulturen radikal verändert. Einige betrachten das als die Befreiung des Menschen von den Fesseln der traditionellen Gesellschaft, andere bemängeln es als kulturellen Verfall.

Die Funktionen und Reaktionen der Chakren definieren in ihrer Gesamtheit das Dharma des Menschen, also das, was für ihn gut ist. Werfen wir einmal einen Blick auf das Zusammenspiel unserer Chakren mit unserer Kultur. Denn wenn der Mensch sich Kulturen erschafft, die seinem Wohlergehen dienen sollen, dann müssen sich die Gesetze der Chakren in der Kultur wiederfinden.

Wenn jedes Chakra bei tugendhaftem Verhalten Freude produziert, dann wäre doch zu erwarten, dass alle Menschen einfach gut und in Folge glücklich sind. Denn wer ist schon gerne unglücklich? Alle Menschen müssten einzig und allein das Dharma leben wollen. In diesem Fall könnte man aber kaum von der Freiheit des Menschen sprechen. Jeder müsste sich praktisch bedingungslos dem Guten unterordnen.

Damit sich die Freiheit manifestieren kann, muss es weitere Freuden geben, die nicht im Einklang mit dem Dharma stehen. Und die gibt es. Wir finden sie im Ego und Superego.

Das Aufblasen des Egos schenkt große Freude. Die Befriedigung von Gewohnheiten – also unseres Superegos – erzeugt ebenfalls Freude. Damit existiert ein System konkurrierender Freuden im Menschen, und der Mensch muss sich fortwährend entscheiden, welchen Weg er gehen will. Die Freuden von Ego und Superego sind zwar stets kurzlebig, dafür sind sie aber oft leicht zu haben. Die Freuden der Tugend sind in der Regel schwieriger zu erlangen, wirken dafür aber langfristiger und zeigen keine unangenehmen Nebenwirkungen.

Wenn wir uns gegen die natürlichen Qualitäten unserer Chakren verhalten, wird die Energie in den Chakren reduziert. Ego und Superego entstehen als Folge der Schwächung unserer Chakren. Je weiter man auf den Egotrip der rechten oder in die Sucht der linken Seite abdriftet, desto größer wird das Unwohlsein der Chakren und desto mächtiger werden unser Ego und unsere Gewohnheiten. Je weiter man in diese Extreme geht, desto größer wird der Riss zwischen dem eigenen Bewusstsein und dem Selbst. Das kann dazu führen, dass Menschen die Verbindung zu ihrem Selbst vollständig verlieren und ein zombieartiges, seelenloses Leben führen.

Es ist sicher nicht die Aufgabe von Kultur, uns in Zombies zu verwandeln, sondern vielmehr, die

Entscheidungen des Einzelnen zugunsten der Tugend zu beeinflussen. Schauen wir uns einmal an, wie das funktioniert.

Jedes der sieben Chakren hat einen natürlichen Feind, der versucht, unsere Aufmerksamkeit ins Ego oder ins Superego zu leiten.

- Muladhara: Lust
- Nabhi: Gier
- Swadisthan: Ärger
- Herz: Angst
- Vishuddhi: Eifersucht / Eitelkeit
- Agnya: Hass

Der Wunsch, in einer Welt ohne diese Feinde der Chakren zu leben, mag dem einen oder anderen verlockend erscheinen. Bei genauerem Hinsehen stellt sich natürlich die Frage, was wäre, wenn es sie nicht gäbe? Sind das nicht alles natürliche Gefühle, die letztlich dem Schutz und Erhalt der Menschheit dienen? Ohne Lust würde die Menschheit aussterben. Ohne Angst würden viel mehr Menschen Unfällen zum Opfer fallen. Ohne Ärger blieben Verbrechen ungesühnt. Offenbar brauchen wir diese Eigenschaften, um zu funktionieren. Sie gehören zu uns; liegen in unserer Natur.

Betrachten wir uns deshalb, welche Rolle die Kultur in Bezug auf diese Feinde spielt. Ich habe diese Liste in die Reihenfolge der Chakren gebracht, wie die Kundalini sie auf ihrem Weg durch den Körper durchläuft. Die Kundalini durchströmt das

System in der Reihenfolge 1, 3, 2, 4, 5, 6, 7. Das bedeutet, sie fließt vom Muladhara direkt ins Nabhi Chakra und erst von dort ins Swadisthan. Dann weiter zum Herz, Vishuddhi, Agnya und Sahasrara. Stellen wir die Qualitäten der Chakren ins Verhältnis zu ihren Feinden, dann sehen wir, dass Kultur diese Probleme jeweils ins nächst höhere Chakra auflöst.

Das funktioniert so: Lust ist der Feind des untersten Chakras. Das nächste Chakra – im Bild die Nr. 3 – ist das Nabhi Chakra. Das Nabhi Chakra steht für Zufriedenheit und ist das Chakra der Familie. Kultur versucht also, die Lust in Bahnen zu lenken, welche zu einer Familie führen. Das machen weltweit alle Kulturen. Sie fördern Ehe und Familie und beschränken Sex auf die Ehe.

Das Nabhi wiederum hat als Feind die Gier. Kultur löst Gier in zwei Richtungen auf: Kreativität und Wissen. Das sind die Qualitäten des Swadisthan Chakras. Eine der menschlichen Entwicklung wohlgesonnene Kultur wird also versuchen, das Interesse der Menschen auf Kunst und Wissenschaft zu lenken, statt auf das reine Anhäufen von Besitz zu fokussieren.

Der Feind des Swadisthan Chakras heißt Ärger. Das Swadisthan versorgt die Leber. Jeder kennt den Spruch, dass einem eine Laus über die Leber gelaufen ist. Offenbar hat diese subtile Verbindung den Weg in unsere Sprache gefunden. Vom Swadisthan fließt die Energie ins Herz. Nun steht das rechte

Herz-Chakra für die Qualitäten der Rechtschaffenheit, für Gehorsam und Wohlwollen. Kultur wird deshalb das Individuum dazu verpflichten, falls es sich ärgert, nicht einfach Selbstjustiz zu praktizieren, sondern sich an den Rechtsstaat zu wenden und die Entscheidung der Strafe einem Unparteiischen zu überlassen. Sich den Regeln der Gemeinschaft unterordnen zu müssen, ist charakteristisch für alle Kulturen dieser Welt. Ziel der Unterordnung ist nicht Unterwerfung, sondern Gerechtigkeit.

Auf der Ebene des Herzens ist der Feind die Angst. Befällt sie uns, bekommen wir Druck auf dem Herzen bis hin zur Atemnot. Schutz bietet das Chakra darüber, das für die Gemeinschaft steht. In der Gemeinschaft schwindet die Angst. Kultur versucht also, Ängste des Einzelnen gemeinschaftlich abzusichern. Das kann der tatsächliche Schutz innerhalb einer Gruppe sein, im Materiellen aber auch eine Krankenversicherung oder einfach Nachbarschaftshilfe. Denen helfen, die in Not sind, vertreibt die Angst.

Die Feinde des Vishuddhi Chakras sind Eitelkeit und Eifersucht. Eitelkeit und Eifersucht haben die gleichen Wurzeln. Sie sind praktisch Geschwister. Sie treten auf, wenn sich das Individuum nicht mehr als Teil des Ganzen sieht, sondern sich anderen gegenüber unterlegen oder überlegen fühlt. Erhält man mehr Aufmerksamkeit als man verträgt, entwickelt man Eitelkeit. Eifersucht entsteht, wenn man weniger Aufmerksamkeit erhält als man sich wünscht. In beiden Fällen steht das Ego im Vordergrund, einmal erfolgreich und einmal erfolglos.

Wissen und Vernunft, die Qualitäten des sechsten Chakras, helfen dieses Problem zu überwinden. Kultur wird also versuchen, die Erfolgreichen zur Bescheidenheit und die Erfolglosen zur Hoffnung zu motivieren. Selbst ein Weltmeister im Sport wird eines Tages alt und schwach sein. Der Gewinner des zweiten Platzes braucht sich nicht zu schämen. Man schüttelt sich die Hand und respektiert sich. In manchen Turnieren vergibt man auch noch einen separaten Pokal für Fairness im Spiel.

Der letzte Feind auf Ebene des sechsten Chakras ist der Hass. Da das siebte Chakra kulturell nicht zugänglich ist, muss das sechste Chakra sich selbst genügen. Hass kann unberechtigt oder berechtigt sein. Wenn man begreift, dass der eigene Hass keine Berechtigung hat, so hat die Vernunft bereits gesiegt. Was aber tun, wenn der Hass berechtigt ist? Wenn zum Beispiel ein Familienmitglied ermordet wurde? An dieser Stelle hilft nur noch Vergebung, um sich aus den Fängen des Hasses zu befreien. So wie man anderen verzeiht, muss man sich auch selbst verzeihen können. Das impliziert, dass es keine Schande ist, um Vergebung zu bitten, wenn man etwas falsch gemacht hat. Das sechste Chakra besitzt somit als einziges die Fähigkeit, sich selbst zu transzendieren. Vernunft und Vergebung müssen deshalb in jeder Kultur gefördert werden.

Wenn wir diese Korrelationen betrachten, drängt sich ein weiterer Aspekt auf, nämlich die Frage, ob sich Kultur generell auf Basis dieser Korrelationen bewerten ließe.

Betrachten wir ein praktisches Beispiel aus unserer deutschen Kultur. Fördert der Staat die Gier, wenn er die Steuererklärung so kompliziert macht, dass ein wirklich gerissener Bürger Steuern vermeiden kann und ein braver Bürger nicht? Sollte der Staat Gesetze nicht so gestalten, dass sie möglichst wenig Anreize bieten, den Feinden der Tugend anheim zu fallen – dass also möglichst wenig Bürger animiert werden, sich gierig und gerissen zu verhalten? Wenn man dieses Verhalten belohnt, braucht man sich nicht zu wundern, wenn die Menschen diese Qualitäten entwickeln.

Wir sehen, die Themen sind vielfältig und spielen direkt auf der Klaviatur der Chakren. Ein breites und allgemeines Verständnis dieser Funktionen würde es auch Menschen in Verantwortung ermöglichen, ihre Entscheidungen an eine einfache Richtschnur zu legen, ohne dass man ihnen diese Entscheidungen vordefinieren oder bestimmen müsste.

Wir fassen zusammen:

- Wenn wir das Leben meistern, dann haben wir mehr Spaß am Leben und erzielen bessere Ergebnisse.

- Das Leben zu meistern erfordert Disziplin. Nicht als Selbstzweck, sondern als einziger Weg, konzentriert zu lernen und Meisterschaft zu erlangen.
- Meisterschaft mündet in Gelassenheit und Freiheit.
- Wir brauchen Balance, um unser Leben zu meistern.
- Chakren haben Bedürfnisse, die zwingend erfüllt werden müssen.
- Chakren haben Beschränkungen, die nicht überschritten werden dürfen.
- Auf den mittleren Chakra-Ebenen muss man zwischen linker und rechter Seite balancieren.
- Auf der Ebene der Energiekanäle führt der Weg in die Mitte ausschließlich über die rechte Seite. In der Mitte kann spirituelles Wachstum stattfinden.
- Kultur spiegelt die Qualitäten der Chakren und hilft uns, Probleme zu transzendieren

Die neue Aufklärung

Der Begriff „Neue Aufklärung" wurde schon des Öfteren für Entwicklungen in der Kultur der Moderne bemüht. Es scheint, als hofften wir auf eine Erlösung aus unserer materialistischen Misere, mit all ihren Nebenwirkungen wie Umweltverschmutzung, Klimaveränderung, Massenarmut und sozialer Isolation, so wie die Aufklärung uns einst vom religiösen Aberglauben in das Zeitalter der Wissenschaft katapultiert hat. Bei genauerem Hinsehen handelt es sich aber immer nur um neue mentale Schemata. Es sind lediglich neue Erkenntnisse des Rationalen, welche sich den Titel „Neue Aufklärung" zuschreiben. Meiner Meinung nach ist daran nichts Neues. Es ist die alte Aufklärung in neuem Gewand, nämlich der Sieg der Ratio über die linke Seite.

Betrachten wir uns, was zur Zeit der Aufklärung auf subtiler Ebene, also auf der Ebene der Chakren und Energiekanäle geschehen ist.

Wie wir bereits gesehen haben, versorgt der linke Energiekanal unsere Emotionen, speichert unsere Ängste und Konditionierungen. Im Mittelalter war die Mehrheit der Menschen stark religiös. Aberglaube war weit verbreitet. Die Ratio war nicht dominant, sondern wurde von religiösen Konditionierungen unterdrückt. Wissenschaftler wie Galileo

Galilei mussten um ihr Leben bangen, wenn ihre Entdeckungen nicht glaubenskonform waren.

Die im 18. Jahrhundert einsetzende Aufklärung verschob die Energie von einer dominanten linken Seite zur rechten Seite. Die rechte Seite ist physisch-mental. Rationales Denken dominiert seither nicht nur unser Wissen, sondern zunehmend auch unseren Glauben. Wir haben also auf der Ebene der Weltgemeinschaft einen elementaren Schritt getan, nämlich von links nach rechts. Geopolitisch haben im Zuge dieser Entwicklung die eher rationalen Gesellschaften die Macht übernommen.

Entsprechend der Evolution der individuellen Seele müsste nun eigentlich der nächste Schritt – auch für die Menschheit als Ganzes – vom rechten Kanal in den mittleren Kanal führen. Diesen gesellschaftlich-evolutionären Schritt nenne ich die „Neue Aufklärung". Alles andere wäre nur eine erweiterte analytische Sicht auf die gleichen Themen. Wir müssen in die Mitte, in den Energiebereich der Evolution. Dazu müssen wir die rechte Seite verlassen.

Wie im Kapitel über die drei Energiekanäle dargestellt, führt zu viel rechte Seite, also zu viel der Analyse und Argumentation, in einen Zustand der Idiotie. Das geschieht vor allem dann, wenn man nicht bereit ist, seine Ansichten der Realität anzupassen, nur weil man keine mentale Begründung für eine solche Anpassung findet. Nicht alles lässt sich rational begründen. Damit das Leben funktioniert, muss man auch mal drei gerade sein lassen.

Es ist der Weg der Vernunft, wenn es einem gelingt, real existierende Probleme zu überwinden. Es ist der Weg der Ratio, fiktive Probleme zu erdenken und sie so sehr in den Fokus zu stellen, dass sie unüberwindbar scheinen.

Da die Ratio selbst keine Realität in sich trägt, tendieren mentale Konstrukte dazu, wie Kartenhäuser in sich zusammenzufallen. Die Lebenserwartung eines sinnlosen Konstrukts ist, ähnlich der einer Lüge, nur durch sehr hohen Aufwand zu verlängern. Betreibt man diesen Aufwand nicht oder hat man nicht ausreichend Energie zur Verfügung, fliegt man auf. Dann wird deutlich, dass man sich geirrt hat. Ein weiser Mensch erkennt dann, dass er falsch liegt und korrigiert seine Position. Trial & Error. Eine bewährte Methode. Ein Narr versucht stattdessen, seine falsche Position zu halten und mit weiteren mentalen Argumenten zu untermauern. Das kann solange weitergehen, bis die Idiotie einer Idee klar zum Vorschein tritt.

Betrachten wir uns als Beispiel die Idee der Gleichheit von Mann und Frau. Sie ist die mental-rationale Weiterentwicklung der Gleichberechtigung von Mann und Frau. Das sollte man nicht verwechseln!

Frauen waren den Männern in den meisten Kulturen der Welt über Jahrhunderte rechtlich nicht gleichgestellt. Sie wurden teilweise wie Untertanen oder der Besitz des Mannes behandelt; hatten selbst in demokratischen Ländern kein Wahlrecht. In der Schweiz wurde den Frauen erst 1971 das Wahlrecht zugestanden!

Nachdem die Gleichberechtigung der Frau in den meisten Ländern, zumindest in Europa und Amerika, auf dem Papier vollzogen war, stellte man fest, dass Frauen weiterhin anders behandelt wurden. Sie wurden überwiegend in „Frauenberufen" beschäftigt, erhielten für die gleiche Arbeit weniger Lohn, wurden von zahlreichen Sportarten ausgeschlossen. Das hält sich teilweise bis heute – Grundschullehrerin, Erzieherin und Krankenschwester sind typische Frauenberufe. Man bot Frauen aber auch einen Sitzplatz im Bus an, hielt ihnen die Tür auf, trug ihnen schwere Einkäufe. Die Gründe dafür sind vielfältig und nicht Gegenstand dieses Buches. Hier geht es lediglich darum, den Versuch zu beobachten, Männer und Frauen gleich zu machen. Sie sind es nicht.

Frauen sind zwar gleich intelligent, begabt und zu Großem fähig, aber sie sind anders als Männer. Der Wert der Frau liegt darin Frau zu sein, nicht Mann. Sie sehen anders aus, riechen anders – sie unterscheiden sich körperlich so sehr, dass selbst in der Schule von Mädchen beim Sport geringere Leistungen erwartet werden als von Jungs. Frauen denken anders – ganzheitlicher. Männer fokussieren leichter, übersehen dafür aber häufig die Kleinigkeiten.

Wieso sollte man diese Unterschiede nicht wertschätzen? Wenn alle gleich sind, wird das Leben doch nur langweiliger. Doch vielen Intellektuellen ging die Gleichberechtigung nicht weit genug. Das Ergebnis intensiven, rationalen Denkens: Gleichheit musste her. Männer und Frauen sollen gleich sein!

Obwohl jeder vernünftige Mensch weiß, dass dem nicht so ist, wurde ordentlich Energie in die Idee investiert. Frauen wurden zu Männern umgebaut. Sie sollten so stark, so erfolgreich und so männlich wie Männer werden. Wir sehen kaum noch Actionfilme, in denen nicht irgendeine Killerbraut den männlichen Protagonisten das Leben schwer macht. In vielen Filmen ist die weibliche Hauptrolle dem Mann in Kampfgeist, Geschicklichkeit und Letalität weit überlegen.

In der echten Welt ist das natürlich nicht so. Da wird der Sport von Frauen und Männern sauber getrennt, weil Frauen sonst kaum eine Chance hätten. Die männermordende Kampfamazone ist ein Hirngespinst.

Schauen wir aber auf das Ergebnis dieser Bemühungen, dann stellen wir fest, dass viele der Hoffnungen im intellektuellen Überschwang ins Gegenteil gekippt sind. Zwar sind Frauen heute selbständiger, leiden aber häufig unter der Doppelbelastung, sich um den Haushalt, die Kinder und den Job kümmern zu müssen. Kaum einer bietet ihnen mehr einen Sitzplatz im Bus an, trägt für sie schwere Sachen oder hält ihnen die Tür auf.

War das wirklich der Sinn der Evolution, Frauen so männlich wie möglich zu machen? Vielleicht hätte man sich das ersparen können, wenn Mann für das Weibliche mehr Respekt gehabt hätte. Wenn man ihre Qualitäten geschätzt und ihnen auf Augenhöhe begegnet wäre.

Wie dem auch sei. Den Staat freut es. Während die Leistungen der Hausfrau allesamt steuerfrei erbracht wurden, hat man jetzt eine Kinderbetreuung, eine Putzfrau und geht öfters essen. Eigentlich nur weniger Freiheit und mehr Stress. War der Herzinfarkt früher weitestgehend dem Manne vorbehalten, sterben heute mehr und mehr Frauen am Infarkt.

Und was machen die Männer? Sie werden weiblicher. Ist ja alles dasselbe. Sie kochen, essen Brokkoli statt Schnitzel und duschen warm.

Oder sie wechseln zum Frauensport. Dort gibt es bereits die ersten Männer, die jetzt Frauen sind und reihenweise Medaillen holen[12]. Logisch. Männer sind ja körperlich stärker. Vielleicht spielt die 3. Bundesliga der Herren demnächst als Frauen in der 1. Liga der Damen.

---

[12] Tagesanzeiger.ch: Sie lebte als Mann, nun holt sie Rekorde bei den Frauen, 04.03.2020

Genug gefeixt. Die Beispiele sollen lediglich zeigen, dass mentale Konstrukte an sich keine Basis haben und irgendwann der Punkt kommt, an dem sie sich in ihr Gegenteil kehren. Die einzig existierende Basis ist die Realität selbst und diese ist eben nicht mental. Man kann versuchen, sie rational zu beschreiben, aber die Ratio kann die Realität nicht ersetzen oder ändern. Wahrheit bleibt Wahrheit, ob uns das passt oder nicht, und wir tun gut daran, die Realität zu akzeptieren, auch wenn sie mal nicht unserem intellektuellen Anspruch gerecht wird.

Die rechte Seite führt nicht zur evolutionären Weiterentwicklung, sondern in die Idiotie. Sie ist für bestimmte Bereiche der Realität gültig, in anderen Bereichen des Lebens aber unbrauchbar, nämlich dann, wenn die Realität und Natur des Menschen keine Beachtung mehr finden.

Und die Natur des Menschen ist nicht rational. Unserem Verstand erscheint sie paradox. Die meisten Männer können ein Lied davon singen, wie schwer es ist, Frauen zu verstehen, und umgekehrt ist es das Gleiche. An diesem Thema arbeiten sich die Geschlechter nun schon seit ein paar Jahrtausenden erfolglos ab.

Der Weg der Menschheit kann nicht weiter nach rechts führen, ohne dass die Welt völlig verblödet. Die innere Evolution führt uns zurück zur Mitte und dort zum spirituellen Aufstieg.

Wenn man analysiert, kann man den Weg der Mitte nicht sehen und schon gar nicht den dort möglichen Aufstieg unseres Bewusstseins. Unsere Ratio sieht nur den Weg zurück in die linke Seite, also von der Aufklärung zurück in den Aberglauben oder die religiöse Unterdrückung.

Der religiöse Fanatiker unterscheidet sich in seiner Erkenntnis der Welt marginal vom aufgeklärten Denker. Der eine wünscht sich den Rückschritt in die Abhängigkeit religiöser Normen, während der moderne Denker das um jeden Preis verhindern will. Der Intellektuelle wählt lediglich statt der Sackgasse des blinden Glaubens die Sackgasse des rationalen Denkens.

Es scheint so zu sein, dass sich die Eliten unserer Zeit heute ebenso vehement an die Ratio klammern, wie zu Zeiten der Aufklärung an Religion und Aberglaube. Wie sonst kann man „Cancel Culture" und die fast schon religiös anmutenden Debatten über Gendergleichheit und einige andere aktuelle Themen verstehen? „Weil nicht sein kann was nicht sein darf", hätte Morgenstern geschmunzelt.

Aus diesem Grund ist unsere innere Evolution so wichtig. Wir müssen raus aus dem Kopf und rein in die Realität und ins Herz. Die Welt braucht diesen Wandel. Sie erwartet ihn von uns. Wenn wir uns diesem evolutionären Druck verweigern, werden unsere Kulturen in der Bedeutungslosigkeit verschwinden.

Natürlich sind Zeiten solch elementarer Umbrüche anstrengend und machen Angst. Werden wir das schaffen? Wohin geht die Reise eigentlich? Und wer sitzt später geopolitisch am Ruder, wenn die herkömmlichen Denkweisen der sogenannten westlichen Wertegemeinschaft nicht mehr funktionieren? Am Ende siegt die Vernunft, auch wenn es in den letzten Jahrzehnten oft nicht danach aussieht. Die Evolution wird diesen Schritt ebenso von uns einfordern, wie sie den Schritt der Aufklärung eingefordert hat. In diesem Prozess wird der uns bekannte egozentrische Homo sapiens nach und nach verschwinden.

Vom Ego zum Sein

Es gibt viele Stimmen, die das Ende der Welt heraufbeschwören, und viele Ideen, was man besser machen könnte. Unterm Strich ist es der Mensch, der seinen Planeten attackiert wie ein gefährlicher Virus seinen Wirt. Es sind die Myriaden Fehlentscheidungen von uns allen, die den Planeten stressen. Der Mensch ist das Problem, nicht das System.

Wer davon träumt, dass ein Weltenretter kommt und alles in Ordnung bringt, wird enttäuscht werden. Jeder Einzelne muss seine individuellen Entscheidungen verbessern. Wir müssen spirituell wachsen und die vierte Dimension der Wahrnehmung in uns etablieren.

Eine Neue Aufklärung, ausgelöst durch die innere Evolution des Menschen, ist die einzige Lösung. Hierzu muss man den Menschen keine neue Lehre bringen. Es reicht völlig aus, den Zugang zur nächsten Dimension der Wahrnehmung zu ermöglichen. Im Licht der eigenen Erkenntnis werden die Menschen dann weniger Dinge tun, mit denen sie sich selbst und ihrem Umfeld schaden.

Diese Veränderung wird nicht durch den Menschen geplant; sie wird nicht rational, sondern evolutionär spontan sein. Sie wird uns aus der Einbahnstraße mentaler Zwangsaktivität herausführen und menschlicher machen. Sie hat das Potential, der Menschheit die lang ersehnte innere Einheit zu bringen, ohne die kulturellen Differenzen im Äußeren zu beseitigen – kulturelle Vielfalt trotz Einheit.

Dabei folgt die Evolution unserer Kultur dem gleichen Muster wie die spirituelle Evolution des Individuums. Erinnern wir uns: Man geht von der linken Seite zur rechten Seite der Ratio und Materie, von dort in die Mitte. Aus dem Zentrum heraus findet der spirituelle Aufstieg in das Chakra der Integration und Harmonie mit dem Ganzen statt. Wir müssen wieder in der Gegenwart leben, nicht in der Zukunft.

Heute sind wir rational. Zu rational, denn die Ratio ist nicht der Weisheit letzter Schluss. Sie ist lediglich ein Zwischenschritt.

Zu viel rechte Seite gibt uns ein großes Ego und zu viel Ego sorgt dafür, dass wir uns wie Idioten verhalten. Betrachten wir unsere rechtslastige, mega-rationale Gesellschaft, unser politisches System, unser Schulsystem, unsere Universitäten, unsere Medien, dann beobachtet man allerorts, wie zu viel Ratio uns in eine Gesellschaft von Narren verwandelt.

Wir müssen das Zuviel an Rationalität hinter uns lassen. Menschsein definiert sich nicht allein über das Denken, sondern vor allem über das Herz. Der Weg in die Mitte ist der Weg der Vernunft. Es ist der Weg des gesunden Menschenverstandes, der die Balance zwischen Herz und Verstand findet. Nur aus dem gesunden Menschenverstand heraus kann man den Weg der Erleuchtung gehen. Er ist die Basis der Erleuchtung.

Kulturgesellschaftlich betrachtet zeigen sich ähnliche Tendenzen wie beim individuellen Wachstum. Häufig bewegen sich die Menschen von ihrer überbetonten Ratio der rechten Seite nicht weiter in den Zentralkanal, indem sie beginnen, die Identifikation mit dem Tun zu reduzieren, sondern sie gehen zurück in die Lethargie der linken Seite. Rückschritt statt Evolution. Das Leben verwandelt sich so in ein ewiges Auf und Ab ohne inneres Wachstum.

In gleicher Weise gibt es gesellschaftliche Tendenzen, unsere modernen, rein rationalen Strategien nicht in Richtung des gesunden Menschenverstandes weiterzuentwickeln, sondern zu vergangenen Traditionen zurückzukehren. Anhänger dieser Denkweise glauben, wir bräuchten wieder mehr „Opium fürs Volk". Mitunter wird auch versucht, den Menschen einen neuen Glauben zu geben. An den Klimawandel, an die Gendergleichheit, an politisch gute und böse Parteien oder Regime. Der Mangel an vernünftiger Argumentation in öffentlichen Debatten ist haarsträubend.

Natürlich ist – wenn wir auf der rechten Seite sind – die Bewegung zur Mitte immer auch eine Bewegung in Richtung des linken Kanals, aber man muss in der Mitte anhalten und dort aufsteigen, statt die Errungenschaften der Aufklärung hinter sich zu lassen und in einen traditionellen oder modernen Glauben zurückzufallen. Einfach wieder religiös zu werden oder einer neuen Öko-Ernährungs- oder Klimareligion zu verfallen, ist nicht die Lösung. Wir müssen als Gesellschaft den Weg der Mitte finden und auf diesem mittleren Weg wachsen.

Wir brauchen keinen Transhumanismus, sondern einen neuen Humanismus, der die Natur des Menschen wieder in den Mittelpunkt der Entwicklung stellt. Die Natur hat uns auf diesen Tag vorbereitet. Wir sind nicht allein. In uns ist alles so angelegt, dass wir spontan die Tür in die nächste Dimension aufstoßen können. Die Zeit ist reif. Wir müssen es nur tun. In aller Freiheit.

Die Integration der vierten Dimension in unser Handeln und unser Verständnis von der Welt führt uns vom Ego zum Sein – ich denke nicht, also bin ich.

Sahaja Yoga Meditation ist sicherlich die effektivste Methode, diese Entwicklung zu beschleunigen. Durch die Erweckung der Kundalini-Energie gelangt man mühelos in die Gegenwart, mit all den positiven Nebenwirkungen, welche sich durch die Bewusstwerdung der Gegenwart ergeben. Diese Meditation wird seit Jahrzehnten erfolgreich medizinisch erforscht. Deshalb wäre es an der Zeit, dieser Methode auch in den Gesellschafts- und Sozialwissenschaften einen Platz einzuräumen, sie zu erforschen und die Ergebnisse einer breiten Öffentlichkeit zugänglich zu machen.

Die Lösungen liegen in uns, nicht im Außen. Wenn wir unsere Desintegration von Herz und Verstand überwunden haben, wird sich die Gesellschaft automatisch so umgestalten, dass wir in Harmonie leben können. Das wird Gott und die Natur einschließen, aber nicht blind, sondern mit weisem Augenmaß. Und es wird spontan geschehen, ohne dass wir es planen müssen. Der Rest wird vergehen, so wie der Neandertaler vergangen ist.

Anhang

Quellenverzeichnis

Zahlreiche Vorträge von Shri Mataji. Sie ist die mit Abstand wichtigste Quelle für dieses Buch.

Shri Mataji Nirmala Devi, The Book of Adi Shakti, Cabella Ligure 2013

Johannes von Jerusalem, Das Buch der Prophezeiungen, Kopp Verlag 2011

Manocha, Ramesh, Dharma, Knowledge of Reality magazine, 1997 – Große Teile dieses Artikels wurden als Vorlage für das Kapitel Dharma genutzt.

Lao Tse, Tao Te King, Reclam Verlag 1992

Neil Young, BIG Interview von axs TV, 22.8.2016

Edwards, Mattew, Pneuma and Realized Eschatology in the book of Wisdom, Vandenhoeck & Ruprecht 2012

Spiegel Online, 22.12.2014, 15.39 Uhr. "Weihnachtsansprache. Papst geißelt "spirituellen Alzheimer" in der Kurie.

Palmer, Martin, The Jesus Sutras, Ballentine Wellspring Group 2001

The Bhagavad Gita, Penguin Classics 2003, Übersetzung von Juan Mascaró 1962

Kleine Liste medizinischer Veröffentlichungen

Anbei ein kleiner Auszug medizinischer Veröffentlichungen mit Bezug zu Sahaja Yoga. Diese Liste hat keine Relevanz für das Buch. Sie soll lediglich belegen, dass Sahaja Yoga seit Jahrzenten medizinisch erforscht wird. Es gibt zahlreiche weitere Studien.

R. Manocha, Meditation, Mindfulness and Mindemptiness. Acta Neuropsychiatrica. 2011; 23(1): 46–7. WOS: 000285971500011.

Manocha R., Marks G.B., Kenchington P., Peters D., Salome C.M., Sahaja Yoga in the Management of Moderate to Severe Asthma: a randomised controlled trial. Thorax. 2002; 57(2):110-5. WOS: 000173769800005. pmid: 11828038

Chung S.-C., Brooks M.M., Rai M., Balk J.L., Rai S., Effect of Sahaja Yoga Meditation on Quality of Life, Anxiety, and Blood Pressure Control. Journal of Alternative and Complementary Medicine. 2012; 18(6). WOS: 000306356200012

Manocha R., Semmar B., Black D., A Pilot Study of a Mental Silence Form of Meditation for Women in Perimenopause. Journal of Clinical Psychology in Medical Settings. 2007; 14(3): 266–73. WOS: 000249818400010

Panjwani U., Gupta H.L., Singh S.H., Selvamurthy W., Rai U.C.. Effect of Sahaja Yoga Practice on Stress Management in Patients of Epilepsy. Indian Journal of Physiology and Pharmacology. 1995; 39(2): 111–6. MEDLINE: 7649596. pmid: 7649596

Panjwani U., Selvamurthy W., Singh S.H., Gupta H.L., Mukhopadhyay S., Thakur L. Effect of Sahaja Yoga Meditation on Auditory Evoked Potentials (AEP) and Visual Contrast Sensitivity (VCS) in Epileptics. Applied Psychophysiology and Biofeedback. 2000; 25(1):1-12. WOS: 000087119500001. pmid: 10832506

Morgan A. Sahaja Yoga: an Ancient Path to Modern Mental Health? Transpersonal Psychology Review ed: Transpersonal Psychology; 2001

Manocha R., Black D., Sarris J., Stough C. A Randomized, Controlled Trial of Meditation for Work Stress, Anxiety and Depressed Mood in Full-Time Workers. Evidence-Based Complementary and Alternative Medicine. 2011: 1-8. WOS: 000293644300001

Harrison L., Manosh R., Rubia K. Sahaja Yoga Meditation as a Family Treatment Program for Children with Attention Deficit Hyperactivity Disorder. Journal of Clinical Psychology and Psy-chiatry. 2004; 9(4): 479-97

Reva N.V., Pavlov S.V., Loktev K.V., Korenyok V.V., Aftanas L.I. Influence of Long-Term Sahaja Yoga Meditation Practice on Emotional Processing in the Brain: An Erp Study. Neuroscience. 2014; 281:195-201. WOS: 000343860700017

Hernández, S.E., Suero, J., Barros, A., González-Mora, J.L., Rubia, K., "Increased grey matter associated with long term Sahaja Yoga Meditation: A Voxel-Based Morphomerty study" PLoS ONE 11(3) 2016: e0150757.doi:10.1371/journal.pone.0150757